JN412263

# 대한민국,
## 미국을 만나면

# 대한민국, 미국을 만나면

— 김병주 지음 —

프롤로그

# 자유무역협정, 그것은 희망이다

▸▸▸ 미국과의 자유무역을 하겠다는 한미 FTA(자유무역협정) 이야기가 나오고 토의와 논쟁이 참 많았다. 그렇게 논의가 분분하면서 현안들이 부각되었고 이를 통해서 중요한 문제점이 제기되기도 하고, 많은 오해가 풀리기도 했다.

하지만 개별적 현안들이 계속 부각됨에 따라, 한미 FTA에 의견이 별로 없던 사람들이나 막연히 '한미 FTA, 해야지' 생각하던 많은 사람들은 '우리가 미국과의 자유무역을 왜 하려 하는가'라는 큰 명제에 대한 생각이 오히려 흐려지고 혼란스럽게 되었다.

그래서 이제 한미 FTA에 대한 원론적인 얘기를 한 번 쉽게 간단히 정리해 보기 위해서 이책을 내게 되었다. '무역'이 우리에

게 어떤 중요성을 갖는 것인지, '자유무역'이 왜 중요한지, 미국 시장을 최우선해야 하는 이유가 무엇인지, 미국과의 자유무역이 어떠한 미래의 도약을 우리에게 약속하는지를 소화하기 쉽게 마치 물을 마시듯 음미해 보자는 것이다.

누구는 '너무 쉽다' 누구는 '너무 어렵다'고 할 수도 있을 것이다. 하지만 많은 사람들이 '그렇지… 맞아'라고 동의하면서 한때 잊었었던 원칙들을 다시 상기할 수 있는 얘기였으면 한다. 그리고 혼란한 논쟁에 지친 사람들에게 당연하지만 희망을 전하는 메시지였으면 하는 바람이다.

지은이 김병주

# 차례

## 제2장 자유무역협정의 모든 것

# 새로운 도약, 한미자유무역협정

## 대한민국, 미국을 만나면

## 강팀 대한민국! 희망의 로드맵

제1장

# 열린시장, 자유로운 무역

# 01 무역으로부터 우리는 발전하고

▸▸▸ 우리나라가 무역을 해야만 잘 살 수 있다는건 일반상식에 해당합니다. 당연한 얘기지만 국내 시장만으로는 우리 경제활동에서 해결할 수 있는 것이 거의 없다고 보아야 합니다. 우리는 세계시장을 통해서 경제를 운영하고 키워왔습니다. 이제 한국은 세계 10위권 경제에 다가섰습니다. 이러한 규모의 경제를

계속 유지하고 더욱 키우는 것은 오로지 세계시장 안에서만 가능합니다.

한 예로 에너지 자원의 수입을 생각해 볼 수 있습니다. 세계에서 에너지 소비 10위인 한국은 2005년도 한 해에 총 667억 달러*, 약 66조 원 상당의 에너지 자원을 수입했습니다. 이는 우리 전체 수입액의 4분의 1가량 되는 비중입니다.

연 66조원에 달하는 에너지 수입 비용을 충당하려면 외화가 필요합니다. 한국은 세계 1위 반도체 생산국이며, 세계 5위 자동차 생산국입니다. 2005년도에 반도체를 수출하여 약 300억 달러, 자동차 수출로 295억 달러의 외화를 벌어들였습니다. 둘을 합하면 60조원 정도이니 총 에너지 수입액에 약간 못 미치는 금액입니다.

우리 경제를 돌리는 데 꼭 필요한 에너지를 수입하기 위해서 우리는 반도체와 자동차를 열심히 팔아야 한다고 해도 지나친 말이 아닙니다. 우리에게 있어서 세계시장의 중요성은 두말할 필요 없는 생존의 장입니다.

실제로 우리 경제의 대외의존도, 즉 수출과 수입의 합계가 전체 경제 규모에서 차지하는 비율은 70%를 넘습니다. 우리 한국에게 무역은 그 어느 나라보다도 중요합니다. 미국 경제의 대외의존도는 약 20%, 일본은 22%, 영국은 37%, 중국은 60%입니다. 따라서 우리는 그 누구보다도 보호무역주의와 시장 폐쇄성을 경계해야 합니다.

세계시장은 우리 경제에 있어 절대적인 중요성을 갖고 있습니다. 이러한 경제 구조는 무역을 통해서 유지되므로 무역 없는 우리 경제는 없다고 할 수 있습니다.

이 667억 달러의 수입 에너지 중에서 63.7%를 차지하는 원유는 총 8억4천만 배럴을 수입하는데, 여기에 약 424억6천만 달러, 한화로 42조원 가까운 돈을 썼습니다. 원유 외 수입 에너지로는 LNG가 13%, 기타 석유 에너지가 13% 정도를 차지했습니다.

# 02 자급자족, 이룰 수 없는 번영

▸▸▸ 아주 옛날, 즉 원시시대에는 개개인과 가족들이 생활에 필요한 것을 자급자족했습니다. 그러다가 각 마을에서 더 잘 만들 수 있는 물건들을 가지고 분업을 하고 서로 교환했습니다.

그러면서 장이 서고 마을과 마을 간에 분업과 교환이 일어났으며, 이것이 국가 전체로 퍼져나갔습니다. 그리고 마침내는 국경을 넘는 무역이 시작된 것입니다. 이렇게 보면, 시장의 통합과

규모 확대가 바로 인류 경제발전사이며, 인류가 부를 축적해온 역사의 핵심 내용입니다.

- 증기기관 등 동력기관을 만들고 이를 통해서 대량생산공장을 지어 더 싼 제품을 생산하고, 그 제품들을 새로 만든 철도와 도로를 통해 국내시장 구석구석에서 팔고 사며 부의 혁명을 일으킨 것이 바로 오늘의 서구 경제가 있게 한 산업혁명입니다.
- 그리고 최근 급속히 발전하는 인터넷과 통신기술을 통해서 전 세계 어디서든지 다른 어느 곳의 누가 어떤 것을 필요로 하는지를 마치 한 시장에서 정보를 주고받듯이 실시간에 파악하고 이를 바탕으로 재화와 서비스를 즉시 공급하는 것, 그것이 우리가 아는 세계화(globalization)입니다.

자급자족으로 모든 것을 만들면 노력만 많이 들고 결코 물질적인 풍요를 누릴 수가 없습니다. 더 싸고 좋은 제품을 더 널리 구할수록, 더 많은 경쟁을 통해서 내가 하는 일의 전문적인 수준을 높일수록 우리의 풍요는 늘어납니다. 우리 삶의 질이 향상됩니다. 국제 무역의 중요성이 바로 여기에 있습니다.

열린 교역이 없는 자급자족 속에서는 빈곤을 벗어날 수 없습니다. 열린 교역을 통해서 우리가 집중할 일을 정하고, 국제시장의 경쟁을 통해서 우리 전문 분야의 수준을 높이는 것이 바로 풍요의 길입니다. 무역은 이러한 풍요의 길을 제공합니다.

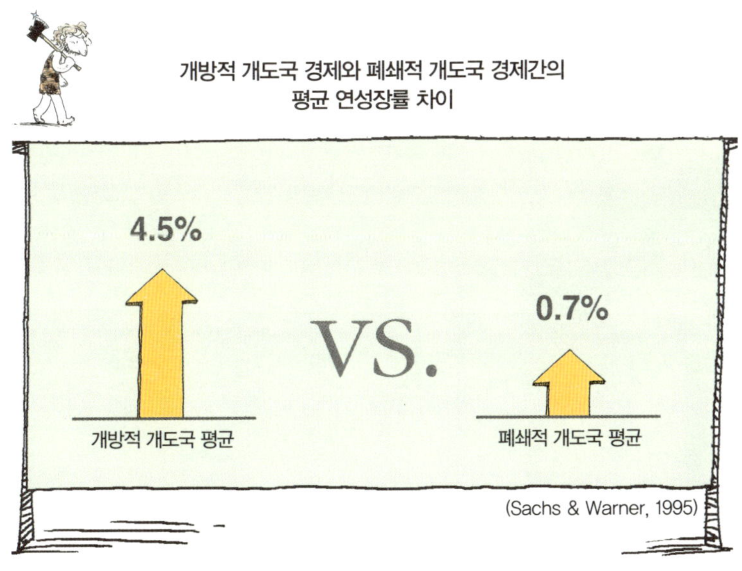

# 03 '닫느냐', '여느냐'

▸▸▸ 자유무역은 '공공재'로 볼 수 있습니다. 즉 누군가가 독점을 하는 것이 아니라, 모든 사람들이 함께 혜택을 얻을 수 있는 것입니다. 맑은 공기, 튼튼한 국방, 좋은 교육제도처럼 자유무역 역시 절대 다수의 공동체 구성원에게 혜택을 줍니다. 누가 더 혜택을 많이 누린다고 해서 다른 사람이 누리는 혜택이 줄어들지도 않습니다.

그러나 다른 일반적인 공공재의 예와는 달리 한번에 쉽게 이해되지는 않는 것이 자유무역의 혜택입니다.

자유무역의 혜택은 경제학의 '절대우위-비교우위' 개념이 가장 잘 설명해 주지만 '비교우위' 개념을 일반 대중에게 이해시키는 것은 결코 쉬운 일이 아닙니다.

비교우위론을 한마디로 단순화하면, '모든 것을 다 국내에서 생산하겠다고 고집하지 말고, 그나마 자기가 잘 만드는 것을 주로 만들어 이를 무역을 통해 교환하면 모두가 더 잘살 수 있다'는 이론입니다.

아주 간단히 말해서 무역을 통해 시장이 개방이 되면 값싸면서도 품질이 더 좋은 물건들을 접할 수 있기 때문에 같은 소득을 가지고도 더 풍요롭고 윤택하게 살 수 있습니다.

하지만 우리는 아직도 '시장개방'이라고 하면 그것은 왠지 피할 수 있다면 피해야 하는 것이라고 생각합니다. 물론 시장개방 때문에 지금 내가 팔고 있는 물건보다 더 좋은 물건이 더 싼 가격에 들어오면 나는 내 사업을 접어야 합니다. 하지만 내가 사업을 접는 대신에 내 물건을 사던 일반 구매자 모두는 더 싼 가격으로 더 좋은 품질을 누리게 됩니다. 말하자면 내 희생으로 우리 경제의 전체적인 풍요는 증대됩니다.

시장개방으로 다수가 누리게 되는 혜택을 합한 값은 개방 때문에 피해를 감수해야 하는 소수가 치르는 비용보다 거의 언제나 훨씬 더 큽니다.

물론 어려움을 겪는 소수가 안타까워서 개방을 주저할 수도 있습니다. 하지만 그렇게 계속 주저할 경우, 경제는 발전을 멈추게 됩니다.

경제발전이란 다른 특별한 것이 아니라, 한 나라의 경제가 점점 더 가치가 높은 것들을 생산할 수 있도록 그 수준을 높여 나가는 것입니다.

시장개방이 그것을 가능하게 합니다. 이전에 생산하던 것은 좀 더 싸고 품질 좋은 수입품으로 대체하고, 더 가치 있는 물건을 만들도록 할 수 있습니다.

그 변화는 힘든 것이지만 성공할 때 큰 혜택이 기다리고 있습니다. 사람도 경제도 더 높은 수준의 도전을 겪어야 한 차원 높은 단계로 발전하는 것입니다.

## 04 GATT에서 WTO까지

▸▸▸ 우리가 흔히 알고 있는 범세계적인 무역 자유화와 개방의 시작은 제2차 세계대전으로 거슬러 올라갑니다.

세계 지도자들은 제2차 세계대전의 근본 원인이 세계 대공황에 있었으며, 세계 대공황을 불러온 주요 원인 중의 하나가 1930년대 미국의 관세법 제정에 의해 촉발한 전세계적 관세전쟁이었다는 점에 동의하게 됩니다.

즉 서로 경쟁적으로 관세를 올려 수입을 제한할 경우, 이는 전세계 무역 자체를 위축시켜 모두 함께 파멸의 길을 가게 된다는 실제적인 경험을 함께 인정한 것입니다.

이러한 공감을 바탕으로 제2차 세계대전이 종결된 1946년에 선진 23개국이 모여 전세계가 함께 협력하여 무역 개방과 자유화를 지속해야 한다고 결의합니다. 이때 GATT(관세무역일반협정) 체제가 출범한 것입니다.

이 체제 하에서 GATT 회원국은 지속적으로 증가하였으며 이들은 함께 모여서 몇 년간에 걸쳐서 함께 관세를 낮추어갈 협정을 도출해 내곤 했습니다. 이렇게 한 가지 협정을 도출하기 위한 몇 년간에 걸친 회원국들의 협상을 '라운드'라고 불렀습니다.

1962년에 시작된 제6차 케네디 라운드부터 각각 5~7년씩이 소요된 도쿄 라운드 및 우루과이 라운드(UR)를 거치면서 매회 34~35%에 달하는 대폭적인 범세계적 관세 인하가 합의되곤 했습니다.

그리고 1993년 합의된 UR을 바탕으로 분쟁조정 메커니즘 등이 강화된 WTO가 1995년 국제기구로 정식 출범하게 되었습니다.

그러나 UR 합의 도출과 WTO 출범 등을 거치면서 세계 각국은 다수 국가가 참여하는 다자협상의 어려움에 대해 심각히 고민하게 되었습니다. 많은 수의 나라들이 한 번에 모여 앉아 합의를 도출하자니, 그 과정이 너무나 어려웠던 것입니다. 이에 따라 여러 나라들이 1대1로 자유화를 주고받는 양자협상이나 적은 수의 참가국 간에 진행되는 지역협상을 통해 무역자유화를 추진하는 것, 즉 자유무역협정방식을 선호하게 되었습니다.

특히 WTO 출범 후 7년이나 걸려 새로운 라운드 도하개발아젠다(DDA) 협상이 시작되었는데 이것마저 진전에 많은 어려움이 있자 더 많은 나라들이 자유무역협정을 통한 무역확대를 추구하게 된 것입니다.

자유무역협정은 어떻게 보면 그동안 진전이 어려웠던 GATT-WTO 체제에 대한 대안입니다. 모두 모여서 합의를 하는게 어려워, 뜻이 맞는 몇몇이 모여서 합의를 이룸으로써 좀 더 쉽게 무역자유화를 이루어 보자는 것입니다.

# 05 미래 기간산업은 영원한 '무풍지대'?

▸▸▸ '미래에 중요한 산업들이 분명히 있는데, 시장을 활짝 열어서 외국 기업들이 들어오게 되고 그들이 이 산업들을 장악하게 된다면 어떻게 하겠습니까?' 이러한 두려움은 어떻게 보면 상당히 설득력이 있어 보입니다.

그러나 잘 생각해보면 중요한 산업일수록 보호의 막을 쳐두면 자랄 수 없고 오로지 국제 경쟁에 노출시킴으로써 키워가는 길밖에 없다는 점을 알 수 있습니다.

'보호'는 '현상유지'로 이어지기 쉽습니다. 편안하고 안전하게 보호받고 있는 상황에서, 자기 개발을 위해 뼈를 깎는 노력을 한다는 것은 쉬운 일이 아닙니다.

미래가 걸린 신흥 산업일수록 기술과 시장의 발전 속도가 빠른 것이며, 따라서 '현상유지'란 바로 국제 시장에서의 '퇴보'를 의미할 수밖에 없습니다. 중요한 미래지향적 산업일수록 사자새끼처럼 강하게 키워야 합니다.

산업화 시대에는 '산업기반' 등이 중요한 물리적인 개념이었고, 그렇기 때문에 '국적'이 나름대로 의미를 갖기도 했습니다.

하지만 이제 탈산업화 시대, 지식경제 시대, 서비스경제 시대의 '산업기반'은 바로 인적 자원 즉 '인재'입니다. 우리의 인재들이 외국 국적 회사에서 일한다고 해서 외국인이 되는 것은 아닙니다.

오히려 우리나라의 인적 자원이 기업의 국적에 관계없이 어느 회사에서든지 세계 최고 노하우를 습득하고 세계 최고의 경영진과 함께 일하고 세계무대의 중심으로 커가는 환경을 만드는 것이 오늘의 우리에게 가장 중요한 일입니다. 이렇게 국제화된 최첨단 인재들이 바로 우리의 미래산업을 이끌어갈 것이기 때문입니다.

닫아두고 보호하면 이러한 기회는 오지 않습니다. 기업의 국적 때문에 우리의 브레인들이 더 국제화될 수 있는 기회를 제한하는 것은 무책임한 것이며 미래를 생각하지 않은 근시안적 사고입니다.

우리의 가장 소중한 산업기반인 우리 인재들을 더 넓은 세계에서 더 마음껏 배우고 경쟁하게 하는 것이 풍요로운 미래를 여는 바른 길입니다.

## 06 '공공재의 딜레마'

▸▸▸ '무역 자유화가 정말 좋은 것이라면 사람들이 왜 그토록 심한 반대를 하는가?' 라는 의문을 제기하는 사람들이 있습니다.

그에 대해서는 다음과 같은 설명이 필요합니다.

무역 자유화를 추구하면, 소비 면에서는 더 좋은 물건을 더 싼 가격에 살 수 있습니다. 생산 면에서는 우리가 잘 만드는 것은 더 싸게 좋게 만들어야 하는 상황을 맞게 되어 우리의 경쟁력이 향상됩니다. 한마디로 소비자와 생산자를 합쳐 절대다수에게 혜택이 돌아갑니다.

하지만 그 반면에 그 혜택에 대해 일정 비용을 지불해야 하는 특정한 소수도 있게 마련입니다. 이들은 개방때문에 외부에서 경쟁력있는 상품이 들어오고 이에따라 지금까지 해왔던 생업을 포기하고 다른 업종으로 전환하거나 또는 특단의 조치를 통해서 경쟁력을 극적으로 개선하고 살아남아야 하는 기로에 서게 되는 사람들입니다.

이들은 사안별로 특정한 산업 분야에 속해 있습니다. 같은 분야에 있다 보니 동질성이 높아서 정치적으로 결집되기가 쉽습니다. 그렇게 되면 단체행동이나 정치적 압력행사가 쉬워집니다. 이렇게 조직화된 이들의 주장은 각종 매체를 통해서 사회 전반에 널리 퍼지게 됩니다. 그래서 우리는 그들의 주장을 잘 이해하게 됩니다.

반면 자유화의 혜택을 누리는 대다수는 자신들이 누리는 혜택을 잘 이해하지 못합니다. 그리고 모두의 혜택을 합하면 그 규모는 매우 크지만 각 개개인이 누리는 개별적인 혜택은 당장은 그렇게 절실하지 않을 수도 있습니다. 따라서 그 혜택을 지키겠다고 나서기도 힘듭니다.

뿐만 아니라 만약에 각자가 자유화의 혜택을 옹호해 나서고 싶다 하더라도, 이 다수는 각각 서로 간에 워낙 성격과 경제 · 사회적 배경이 다릅니다. 따라서 자유화 혜택 옹호를 위한 정치적 결집은 근본적으로 매우 어렵습니다.

'내가 나서지 않아도 누군가 나설 거야' 라는 '무임승차'의 유혹도 매우 강합니다. 한마디로 무역자유화의 혜택을 누리는 사회의 대다수는 침묵의 다수가 되어 버립니다.

바로 이렇게 침묵의 다수와 결집된 소수 간의 비대칭 현상 때문에, 일반 대중이 무역 자유화에 대해서 주로 듣는 이야기는 대개 소수의 이야기 즉 개방비판론 일색이 되게 마련입니다.

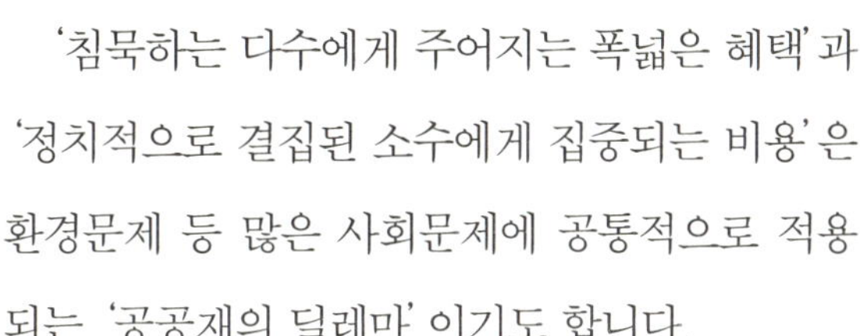

'침묵하는 다수에게 주어지는 폭넓은 혜택'과 '정치적으로 결집된 소수에게 집중되는 비용'은 환경문제 등 많은 사회문제에 공통적으로 적용되는 '공공재의 딜레마'이기도 합니다.

공공재를 필요로 하는 다수가 침묵하는 사이에, 공공재 공급 때문에 피해를 보는 소수는 강력하게 반대를 하고, 이 때문에 결국은 모두가 그 공공재를 향유하지 못하는 경우가 바로 '공공재의 딜레마'입니다.

# 07 결론은 '시장경쟁원칙'

▸▸▸ "다 열고 내주고 나면 무엇을 먹고 사나요?"

시장개방을 걱정하면서 흔히들 하는 말입니다. 물론 시장을 닫으면 당분간은 하던 일을 계속하면서 살 수 있을 겁니다. 하지만, 우리가 지구를 떠날 수 없듯이 국제시장의 현실을 외면한다는 것은 불가능합니다.

우리가 잘 만드는 물건을 열심히 만들어서 팔아야 우리 경제가 원활히 돌아갈 수 있습니다.

우리가 잘 만드는 물건을 잘 팔기 위해서는, 우리가 남들에 비해 못 만드는 것에 대해서는 남이 만든 것을 사주어야만 합니다. 물론 그렇게 하면 우리나라에서 이전부터 그 물건을 만들던 사람들은 어떻게 할까요?

물론 하던 일을 바꾸는 것은 쉽지 않습니다. 하지만 지금까지 국가 경제와 세계 경제는 그렇게 발전해 왔습니다. 내가 만들어 온 물건을 더 좋게 더 싸게 만드는 사람들이 있으면 나는 그들보다 더 잘하도록 노력해야 하고, 그렇게 되지 않을 때는 남들보다 더 잘 만들 수 있는 새로운 것을 찾는 수밖에 없는 것입니다. 그것이 인류 경제사를 지금까지 주관해온 시장경쟁의 원칙입니다. 이러한 원칙을 잠시 피할 수는 있습니다. 하지만 회피하는 시간이 길면 길수록 나중에 해결해야 할 문제는 더 커져만 갑니다.

국제시장에서의 우리 위상이 올라가면 올라갈수록, 우리가 더 잘하면 더 잘할수록 이러한 시장경쟁 원칙은 더 절실해집니다. 다른 나라에서 '한국 차가 좋긴 하지만 우린 국산 차를 팔아야 하니 한국 차를 사기 어렵다'는 말을 공공연히 듣게 된다면 참으로 난감할 것입니다.

시장경쟁 원칙을 피해서 다른 규칙을 만들려고 한다면 결국 나중에는 대책이 없어집니다. 힘들어도 시장경쟁의 원칙을 지켜가야 합니다. 길게 보면 그것이 오히려 남들보다 앞서나가는 길입니다.

# 08 40년 전과 지금 우리는

▸▸▸ '우리 시장을 열어 주니, 남들이 들어와서 모두 차지해 버리고 우리는 만들어 팔 것이 아무것도 없어진다?' 악몽과 같은 얘기입니다. 하지만 현실이 될 수는 없습니다. 특히 요즘처럼 세계 10대 경제대국에 다가가는 우리의 상황에서는 있을 수 없는 일입니다.

답은 명확합니다. 개방된 국제 무역환경에서 우리가 잘 만들 수 있는 물건을  열심히 만들어 팔아서 돈(외화)을 많이 벌고, 그것을 바탕으로 우리에게 필요한 것들을 싸게 많이 다양하게 사서 쓰는 것이 바로 우리가 잘사는 비결입니다.

그런데 만약 우리가 빈곤국이라면 어떻게 할까요? 정말로 시장을 열어주면 잘사는 나라들이 들어와서 물건을 다 팔고 가난한 우리는 팔 것이 없을 텐데요?

아닙니다. 그렇지 않습니다. 겨우 40년 전 우리가 그런 환경에 있었고 우리는 국제시장에서 경쟁함으로써 그런 열악한 환경을 극복하고 성장해 왔습니다.

정말 엄청나게 가난하던 시절, 우리는 이발소와 미장원에서 머리카락을 모아 가발을 만들어 팔았습니다. 조악한 어린이 장난감을 만들어 팔았습니다. 그렇게 하면서 우리는 한 계단 한 계단 경제의 수준을 높여왔습니다.

장난감을 팔다가 라디오를 팔고, 라디오를 팔다가 TV를 팔고, 자동차를 팔게 되었습니다. 불과 10여 년 전만 해도, 우리

전자제품이 소니를 제압하고 우리 자동차가 도요타와 경쟁하리라고 상상하기는 어려웠습니다. 그럼에도 이렇게 커온 것은 국제시장의 경쟁을 회피하지 않고 오히려 발전의 기회로 활용해 왔기 때문입니다.

남들이 모든 걸 더 잘 만들던 시절, 너무도 가난하고 할 수 있는 것도 별로 없었던 우리는 가발이라도 더 싸게 잘 만들 수 있다는 것을 알고 그 길을 택했던 것입니다.

의지와 근면이 있으면 자유무역 체제 하에서 빈곤을 떨어버릴 수 있다는 것을 다른 누구도 아닌 우리가 멋지게 증명해 보였습니다.

'남들이 물건을 더 좋게 더 싸게 만들기 때문에 우리는 하나도 할 것이 없게 된다'는 상황은 일어나지 않습니다. 긍정적인 사고로 적극적으로 경쟁하면 성공할 수 있다는 것을 바로 우리가 가장 성공적으로 세계에 보여준 바 있습니다.

# 09 전쟁걱정보다 먼저 할 일

▸▸▸ '국제 시장에서 경쟁력을 잃어가는 산업들에 대해서 연연하지 말고 새로운 산업을 열심히 열어가야 한다'는 말을 실천하기란 결코 쉽지 않습니다.

특히 '이 산업 저 산업 다 버리고 나중에 후회하면 이미 늦을 텐데, 그러니 여러 가지 산업을 다 껴안고 가야 하는 것 아닐까?' 하는 걱정과 의문을 갖게 되는 것은 어떻게 보면 매우 자연스러운 것입니다.

하지만 여러 산업들을 모두 껴안고 가야 하는 이유는 무엇일까요? '혹시 국제 무역이 붕괴하는 사태가 오거나, 전쟁이 나서 해외 공급이 끊어지면 어쩌나?' 하는 걱정이 그것일 수 있습니다. 그런데 국제 무역이 붕괴하여 아예 일부 상품이 공급되지 않는 상황이 과연 올 수 있는지 잘 생각해 볼 일입니다.

사실 우리 기억 속에 그러한 시대는 없었습니다. 20세기 초 세계 대공황 때도 돈이 없어서 수입은 못해도 수입해야 할 물건이 없어서 소비를 못한 적은 없습니다. 현실적으로 불가능한 상상입니다. 내게 돈이 있으면 내게 물건을 팔려는 사람은 이세상에 언제든지 있습니다.

그리고 전쟁 때문에 해외에서의 공급이 끊어지는 상황이라면, 국내 산업을 유지한다고해서 그것이 제대로 생산되고 국내 유통망을 통해 충분히 원활하게 공급될 리는 만무합니다.

어떻게 보면 '식량 안보론'도 유사한 논리적 문제점을 갖고 있습니다. 세계 일부 지역 국가에서 내전이 발생하고 굶어죽는 사람들이 발생하는 것은 그 나라의 평소 국내 농업기반이 없어서가 아닙니다. 실제로 지구촌 어느 지역에 전쟁이 발발하면 대개의 경우 국제 곡물상 들은 그 분쟁지역에 공급을 확대하려고 노력합니다. 새로운 매출의 기회이기 때문에 그렇습니다.

문제는 국내 상황입니다. 전쟁으로 인해 국내 유통 · 배급망이 무너져서, 해외로부터 들어오는 원조 물자든 국내 자원이든 이를 필요로 하는 곳에 공급할 채널이 없어져서 문제가 생기는 것입니다. 전쟁 속에 식량난이 생기는 것은 이런 국내 문제 때문입니다.

'국내 산업을 잘 보호해 두어야 유사시에 안전하다'는 것은 막연한 생각입니다. 유사시를 걱정하기보다는 부강한 경제를 만들어야 합니다. 부강한 경제가 갖추어지면 '유사시의 문제'가 발생할 일이 없습니다.

이미 경쟁력을 잃어버린 산업을 보호하는 데는 엄청난 비용이 들게 마련입니다. 그렇게 투입되는 비용을 좀 더 생산적인 곳에 투입하여 미래 경쟁력 향상에 매진하는 것이 전략적으로 현명한 선택입니다. 그것이 부강한 경제를 만드는 길입니다.

# 10 '외국상품 공포' 알고 보면

▸▸▸ 사실 1980년대까지만 해도 자유무역의 기수라는 미국에서조차도 외국상품의 진출에 대한 논란이 벌어지곤 했습니다.

일본의 자동차와 전자 제품이 미국 시장을 석권하면서, 미국의 산업은 어떻게 할 것인가? 미국에서 이러한 산업들이 없어져 버리면 어떻게 할 것인가? 라는 고민을 많이 했습니다.

그런 고민들 가운데, 미국도 여러 가지 보호무역 대책을 내어놓았습니다. 일본 측에 수출 자제를 요청하기도 했습니다. 미국 물건을 제대로 사주지 않는다고 불공정 경쟁을 내세워 계속 통상 마찰을 일으키기도 했습니다. 미국 산업을 다 내어 주어서는 안 된다는 두려움 때문이었습니다.

그런데 지금 돌아보면 그러한 고민과 갈등은 별로 의미가 없었다는 결론을 내릴 수밖에 없습니다. 철강, 자동차, 반도체 등 그때 문제가 되었던 산업들은 결국 미국 기업들이 국제시장에서 경쟁력을 잃어가고 있던 산업들이고, 당시의 그러한 노력에도 불구하고 결국은 국제시장에서의 위치를 거의 상실하게 되었습니다.

1960년부터 1980년대까지 자신감을 잃어가던 미국이 1990년대 들어서 다시 자신감을 얻게 된 것은, 경쟁력을 잃어가던 산업들을 보호하는데 성공해서가 아니라, 새로운 산업들을 열심히 키우는데 성공했기 때문입니다.

어렵던 시절에 힘들어하던 산업들에 대한 애착을 보였지만, 그런 애착에 대한 노력보다는, 힘들더라도 안으로 더 시장을 열고 밖으로 새로운 시장을 개척하도록 했던 것이 미국의 자신감 부활에 더 큰 역할을 한 것입니다.

11

# 아직도 그 시절 그 얘기…

### ▸▸▸ 수출은 좋지만 수입은 나쁘다?

거시적으로 볼 때, 수출을 해서 외화를 벌어들이는 이유는 결국 국내에서의 소비와 생산 활동에 필요한 원자재와 제품을 수입해서 쓰기 위한 것입니다.

따라서 열심히 수출하는 것만큼 수입을 합리적으로 하는 것도 중요합니다. 국산품보다 더 품질 좋고 더 가격도 싼 수입품을 회피한다면, 결국에는 국내 생산자들이 제품의 질을 더 향상시키고 가격을 더 낮추거나, 아니면 경쟁력이 있는 다른 분야, 다른 상품으로 전환하거나 업그레이드하려는 동기를 잃게 만드는 것입니다.

국적에 관계없이 더 좋은 품질, 더 나은 가격의 제품을 선택하는 것이 결국 우리 경제를 위하는 것입니다. 그래서 지속적인 무역 개방이 필요한 것입니다.

### 경쟁력 없는 부문은 개방하면 안 된다?

특정 산업 분야의 경쟁력이 갖추어질 때까지 기다린다는 것은 현실적으로는 설득력이 약한 논리입니다. 경쟁이 치열하지 않는데 미리부터 자기 혁신을 위한 고통을 스스로 찾아나서는 사람은 없습니다. 경쟁을 조성해야 개선이 이루어집니다.

경쟁력 향상이 필요한 부문은 개방을 하여 국제경쟁에 노출시킴으로써 기술 개발, 품질 개선, 가격 개선의 동기를 조성하는 것이 더 현명한 선택입니다.

우리는 지금까지 지속적으로 시장을 개방함으로써 이를 통해서 우리 산업의 경쟁력을 강화시켜 왔습니다.

### 시장개방과 자유무역을 하면 선진국만 이익을 본다?

우리는 시장개방을 지속하고 자유무역에 적극 참여함으로써 인류 근대사에 예가 드문 경제발전을 성취해 왔습니다. 처음에는 우리가 잘할 수 있는 노동집약적인 경공업을 시작으로 적극적인 수출에 나섰습니다. 이를 통해서 외화 획득과 자본 및 기술 축적이 가능했으며, 이를 기반으로 더 높은 부가가치의 기술집약적 산업으로 전환해 왔습니다.

시장개방과 자유무역을 통해서 선진국만 이익을 본다면 한국경제의 성공담은 존재할 수 없었을 것입니다. 우리 스스로가 바로 그 증인입니다.

### 시장개방은 국가주권 침해로 이어진다?

국가주권에는 여러 가지 정의가 있을 수 있습니다. 가장 합리적인 정의 중의 하나는 '국민들이 민주적으로 정한 중요한 가치를 수호하기 위해서 그들 스스로 민주적인 절차에 따라 정부에 부여한 권리'라고 이해할 수 있습니다.

이렇게 본다면 시장개방을 한다고 해서 정말로 중요한 주권, 즉 국가안보, 국민보호, 질서유지, 환경보호 등에 대한 정부의 권리가 침해된다고 볼 수 없습니다. 다만, 시장효용성 측면에서 볼 때 필요한 정도 이상으로 행해지는 정부의 규제가 제거되도록 시장개방을 통해서 노력하는 것이 필요합니다. 시장개방을 계기로 평소에는 쉽지 않았던 규제 개혁이 더 탄력을 받을 수 있으며, 이는 오히려 국민을 위하는 것입니다.

### 시장개방은 중소기업을 고사시킨다?

시장경제 하에서는 기업 규모의 크기를 막론하고 현실에 안주하지 않고 항상 새로운 기회를 찾고 열어가는 기업들만이 살아남고 성공할 수 있습니다. 시장개방은 중소기업들에게 많은 기회와 가능성을 제공할 수 있습니다.

시장의 상호개방을 통해서 대기업의 수출이 늘어나면 부품 등을 공급하는 중소기업은 새로운 기회를 맞게 됩니다. 미국의 경우처럼, 섬유제품 등 각종 경공업 제품의 관세가 높은 국가와 관세 철폐가 합의되면 이러한 제품을 직접 수출하는 중소기업은 새로운 도약이 가능할 것입니다.

### 시장개방에 따른 외국인투자 증대는 국부 유출과 헐값 매각으로 이어진다?

'국부'라는 개념에 대해 다시 생각해보아야 합니다. 세상의 모든 기업들은 어디에서든지 기업 활동에 따른 이윤창출을 필요로 합니다. 다른 나라에서 이윤을 내었다고 해서 특정한 나라의 '국부가 유출된다'고 생각한다면 곤란합니다.

A국에서 우리나라의 B기업이 자동차를 많이 팔아서 돈을 버는 것과 기업을 사고팔아서 돈을 버는 것이 근본적으로 다를 수는 없습니다. '헐값 매각'이라는 개념도 마찬가지입니다. 시장경제 하의 1대1 매매에서 특정시기에 특정 매매 대상에 대해서 매매 양 당사자가 정하는 거래의 가치를 제3자가 더 잘 알 수는 없습니다.

제3자가 '헐값 매각'을 논하는 것은 시장경제 원칙에 맞지 않은 경우가 대부분입니다. 외국인투자에 대해 '국적 마인드'를 벗고 '시장 마인드'로 대하는 것이 우리 경제의 장기적 성장을 위해서 필요합니다. 국가의 한계를 넘어서 세계로 나아가 그곳을 무대로 뛰어야 합니다.

제2장

# 자유무역협정의 모든 것

# 12 자유무역협정의 이름으로

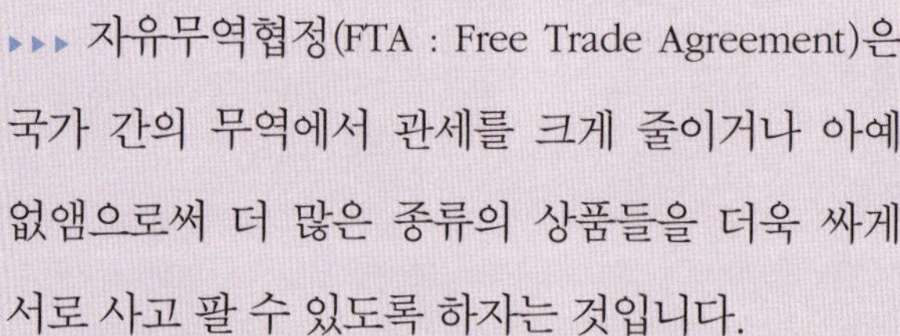

▸▸▸ 자유무역협정(FTA : Free Trade Agreement)은 국가 간의 무역에서 관세를 크게 줄이거나 아예 없앰으로써 더 많은 종류의 상품들을 더욱 싸게 서로 사고 팔 수 있도록 하자는 것입니다.

전통적으로는 국가 간에는 관세와 그 외의 다양한 제약이 있어서 상품이 국경을 넘어 들어오고 나가는 것이 자유롭지 않았습니다. 그러한 제약들을 없애거나 최소화해서 다른 나라와도 마치 같은 나라 안에서 물건을 사고파는 것처럼 자유롭게 하자는 것이 자유무역협정입니다.

자유무역협정을 체결할 때에는 세계 구석구석의 여러 나라들이 한자리에 모여서 함께 그렇게 하기로 정하기도 합니다. 그런 것을 다자 자유무역협정이라고 합니다. 세계무역기구(WTO)에서 이러한 일들을 합니다. 우리가 익히 들어온

'도하라운드(DDA)', '우루과이라운드(UR)'라고 하는 것들이 이러한 목적으로 모이는 모임을 부르는 이름입니다. 그런데 요즘 흔히 쓰는 FTA 또는 '자유무역협정'이란 대개의 경우 이러한 다자 협정을 지칭하지는 않습니다.

자유무역협정은 같은 지역에 모인 나라들끼리 체결하기도 합니다. 북미 대륙 국가 간에 체결한 NAFTA(북미자유무역협정)가 그런 경우이며, 유럽 국가 연합인 EU도 유럽 국가 간에 자유무역협정을 먼저 체결함으로써 정치적인 연합까지 발전한 경우입니다.

최근에 많이 보는 자유무역협정은 두 국가 간에 체결되는 양자간 자유무역협정입니다. 우리나라는 칠레와의 자유무역협정이 최초이며, 그 후 싱가포르와도 자유무역협정을 체결하였습니다.

최근의 관행에 따라서, 이 책에서 이야기하는 '자유무역협정'은 양자간 또는 지역내 협정을 의미합니다.

# 13 자유무역협정 그 컨텐츠의 크기

▸▸▸ 자유무역협정이 포함하고 있는 분야는 체결 당사국들이 어느 나라인가에 따라 상당히 다른 양상을 보이고 있어서 일반화하기가 쉽지는 않습니다.

과거에 많았던 전통적인 형태의 자유무역협정들과 요즘도 개도국들 간에 체결되는 자유무역협정에서는 상품 분야의 무역자유화 또는 관세 인하에 중점을 두는 경우가 많습니다.

그러나 그 외의 일반적인 경우에는 자유무역협정의 적용 범위가 크게 확대되는 추세입니다. 특히 1995년 WTO 체제의 출범 이후 그러한 경향이 두드러지고 있습니다. 이름만 자유무역협정일 뿐, 순수 무역 이외의 많은 다른 이슈들이 포함되고 있습니다.

우선 상품의 관세 철폐 이외에도 서비스 및 투자 자유화까지 포괄하는 것이 요즘은 일반적인 추세입니다. 그 밖에도 지적재산권, 정부조달, 경쟁정책, 무역구제제도 등 관련 정책에서도 해당국 간에 서로의 수준을 맞추는 등 협정의 대상범위가 계속 확내되고 있습니다.

그동안 WTO 등 다자간 무역협상 등을 통하여 전반적인 관세 수준이 낮아져 왔기 때문에, 이제 얼마 남지 않은 관세율보다는 관세 이외의 다른 분야로 협력 및 개방 영역을 늘려가게 된 것은 자연스러운 현상이라고 하겠습니다.

# 14 '혜택 독점'하는 그들만의 리그

▸▸▸ 앞에서 GATT와 WTO의 출범을 거쳐 최근 자유무역협정의 유행이 도래하게 된 경과를 간단히 설명하였습니다. 그런데 사실상 자유무역협정의 유형은 새로운 것이 아닙니다.

자유무역협정은 범세계적인 다자주의 자유무역질서가 위협을 받을 때마다 그 가치를 발휘해 왔습니다. 여러 나라들이 다자주의 자유무역질서를 대신해서 자신들의 교역을 유지하고 확대하는 대안으로 선호하였기 때문입니다.

실제로 자유주의 무역을 축으로 영국이 주도하던 범세계 질서(Pax Britannica)가 무너지고 1930년대에 접어들어 경쟁적인 관세인상을 통해서 세계 무역이 유례없는 경색 국면에 접어들었을 때도 많은 국가들은 1대1 협정을 통해서 무역을 계속하려는 노력을 했습니다.

당시 영국이 아르헨티나, 소련, 스칸디나비아 국가들 그리고 영연방 국가들과 수립한 특혜관세 협정들이 그 예가 될 수 있을 것입니다.

사실 양국 간 또는 작은 수의 국가 간에 맺는 자유무역협정은 정치적으로 여러 가지 장점이 있습니다. 서로가 주고받는 '이익의 균형'이 비교적 간단하여 협상을 하기에도 또한 국내에 설명을 하기에도 모두 용이한 장점이 있습니다.

다만 관세 철폐 등을 통한 새로운 교역의 발생(trade creation)을 바탕으로 협상 당사자간 교역이 확대되기도 하지만, 많은 경우에는

제3국의 제품을 대체하는 효과(trade diversion)를 통해서 당사자 교역이 확대됩니다. 즉, A국과 자유무역협정을 맺게 되면 전에는 B국에서 수입하던 C상품을 관세가 철폐된 A국으로부터 수입하는 것입니다.

따라서 자유무역협정 체결에 적극적이지 않은 국가의 경우에는 자유무역협정 체결에 적극적인 국가들에게 자신의 교역량을 내주어야 하고 결국은 전체적인 대외 교역량이 줄어드는 결과를 감내해야 하는 상황에 이르게 되는 것입니다.

자유무역협정이 대세인 듯하면, 모두가 적극적으로 자유무역협정에 집중할 수밖에 없는 이유가 바로 거기에 있습니다. 자유무역협정 대세를 남의 일처럼 관망하기만 하다가는 심각한 경제적 타격을 입을 수도 있는 것입니다.

# 15 '양자주의' 원칙, 그 두려운 이름

▸▸▸ 우리가 흔히 말하는 '자유무역협정'이란 주로 양당사자 간의 협정을 통해서 무역자유화를 추구하며 이러한 자유화의 혜택을 다른 제3자에게는 허락하지 않는 것, 즉 '양자주의적 차별의 원칙'을 바탕으로 합니다.

물론 두 당사자를 넘어 소수의 참여자들이 함께 합의를 하기도 하는데, 이럴 경우는 '지역주의'라 부릅니다. 하지만, '양자주의'와 같이 당사자 외의 제3자에게는 새로운 자유화의 혜택을 허락하지 않는 차별의 원칙은 마찬가지로 적용됩니다.

바로 이러한 차별의 원칙 때문에 양자간 및 지역내 자유무역협정의 유행을 멀리서 지켜보고만 있어서는 안되며 적극 그 조류에 동참해야 하는 것입니다.

양자 및 지역 자유무역협정을 할 경우, 당사국 간에 더 많은 교역이 발생하는 것은 다음과 같은 두 가지 이유 때문이라고 볼 수 있습니다. 우선 새로운 무역이 발생하는 것입니다. 전문용어로 '무역 창출(trade creation)'이라고 하는데, 관세가 철폐되고 추가적인 시장개방이 이루어짐으로써 더 많은 물건이 당사국 간에 거래되는 것입니다. 일반적으로 이야기하는 무역 자유화의 혜택입니다. 국경을 넘어 교역되는 물건들의 값이 더 싸지고 더 쉽게 교역되는 것입니다.

이것 외에 양자 및 지역 자유무역협정은 다른 나라와 교역하던 물건들을 새로운 자유무역협정당사국과 교역하도록 만들기도 합니다. 바로 앞에서 설명한 바와 같이, 전체 양으로 볼 때 교역이 증가하는 것은 아니고 전에는 자유무역협정 없이 A국과 사고팔던 물건을 새로이 자유무역협정을 체결하여 이전보다 가격이 낮아진 B국과 사고파는 것입니다. 전문용어로 '무역 전환(trade diversion)'이라고 합니다.

세계 각국은 WTO의 무역 자유화가 미진한 상태에서 새로운 무역 자유화를 위해서 지역 내 또는 양자간 자유무역협정을 선택합니다. 표면적으로는 '무역 창출'을 위한 선택이라고 얘기들을 합니다. 하지만 숨겨진 이면에는 '무역 전환'에 대한 두려움 때문에 자유무역협정에 적극 나서는 것입니다.

혼자 가만히 있는 가운데 주요 교역국들 간에 자유무역협정이 성립되면 우리나라의 수출이 줄어드는 것은 당연한 것입니다. 우리의 주요 교역 상대가 우리와 교역 면에서 거의 무관한 국가와 자유무역협정을 체결해도 결과는 마찬가지입니다. 우리와 사고팔던 물건을 새로운 자유무역협정국과 교역하게 되면 우리와의 교역은 줄어들게 됩니다.

다른 나라의 자유무역협정 체결은 결코 남의 일이 아닙니다. 다른 나라의 자유무역협정이 우리의 교역을 감소시킬 수 있기 때문입니다. 우리도 열심히 자유무역협정을 계속 체결해가는 것 외에 다른 길은 없습니다.

# 16 경제 통합으로 이르는 길

▸▸▸ 우리가 알고 흔히 있는 현대의 경제통합 현상 중에서 가장 많이 진척된 것은 아무래도 EU의 경우라고 하겠습니다. 자유무역협정을 거쳐서 EU 수준의 경제 통합까지 가는 데에는 여러 단계를 거치게 됩니다.

이러한 단계들을 보통은 아래와 같이 나눕니다.

자유무역협정(FTA) 앞에서 설명한 것 처럼, 원래는 협정 당사국 간의 관세 철폐를 중심으로 하는 무역자유화를 지칭합니다. 북미자유무역협정(NAFTA)이 그러한 사례입니다.

관세동맹(Customs Union) 당사국 간의 자유무역 외에도 역외국들에 대해서 동일한 공동관세율을 적용하는 경우입니다. 남미 국가들 간에 결성한 남미공동시장(MERCOSUR)이 그 예가 됩니다.

공동시장(Common Market) 관세동맹에서 한 발 더 나아가 회원국 간에 생산요소의 자유로운 이동이 가능하게 하는 것을 의미합니다. 경제적 통합으로는 상당히 진전한 단계이며, 지금의 EU가 있기 이전에 상당기간 유럽국가들은 이 공동시장 단계에서 통합작업을 추진하였습니다.

단일시장(Single Market) 경제적으로는 단일통화를 갖게 되고 정치적으로는 공동의회를 갖춘 정치·경제적 통합이 공히 진전되고 상호보완적으로 이루어지는 가장 높은 단계의 통합을 말합니다. 지금의 EU가 그러한 예가 됩니다.

## 17 자유무역협정 vs WTO

▸▸▸ 이론적으로 볼 때, 자유무역협정은 다자무역질서의 근간인 회원국 상호간의 최혜국대우(MFN) 원칙에 정면으로 배치됩니다. 하지만 실제로는 WTO 규범*을 통해서 아래와 같은 요건을 충족하는 자유무역협정들의 경우에 한해서는 WTO에 적법한 것으로 인정하고 있습니다.

- WTO가 인정하는 자유무역협정은 실질적으로 모든 무역을 대상으로 해야 하며, 특정한 분야를 전면적으로 제외해서는 안 된다.
- 관세와 기타 상업적인 제한을 합리적인 기간 내에 철폐하여야 한다. 여기서 합리적인 기간이란 원칙적으로 10년 이내를 의미한다.
- 역외국 즉 자유무역협정 대상국이 아닌 타국에 대한 관세 및 기타 상업적 제한은 해당 자유무역협정 체결 이전보다 더 후퇴해서는 안 된다.

위에서 두 번째 및 세 번째 규정은 사실상 당연하고 자연스러운 내용이며, 준수 자체에 있어서 원칙적으로는 큰 어려움이 없는 내용입니다. 그런데 첫 번째 규정은 현실적으로 준수하기가 그다지 쉽지 않은 내용입니다. 왜냐하면 양자 · 지역 내 자유무역협정의 장점, 즉 어려운 분야를 손쉽게 비켜갈 수 있도록 협상에 의해 자유화 폭을 자유자재로 조정하는 당사자 간 협정의 용이함을 반감시킬 수 있기 때문입니다. 따라서 이 규정의 경우에는 상당히 유동적으로 운영되고 있는 것이 현실입니다.

이와 같은 WTO의 양자 지역 내 자유무역협정 인정은 현실의 수용입니다. 아무리 다자적 무역자유화가 가장 좋은 것이라고 해도, 당사자 간 자유무역협정의 현실적 장점과 이에 따른 범세계적인 조류를 결코 도외시할 수 없기 때문입니다.

WTO

WTO 규범: 상품 분야 관련으로는 '관세 및 무역에 관한 일반협정(GATT)' 제XXIV조, 서비스 분야 관련으로는 '서비스 무역에 관한 일반협정(GATS)' 제V조가 있습니다.

위에서 언급한 GATT 및 GATS 조항 외에도 허용조항(Enabling Clause)이라는 것이 있는데, 이는 GATT의 1979년 결정으로 GATT 회원국들이 개도국에 대하여 차별적으로 좀 더 특혜적인 대우를 할 수 있도록 허용한 것입니다. 동 조항은 일반특혜관세(GSP) 및 방콕협정 등의 근거가 되고 있습니다.

# 18 갈 길은 멀기만 한데…

▸▸▸ 우리가 알다시피 자유무역협정은 세계적인 대세입니다.

1990년대에 들어와 우루과이 라운드(UR) 협상 타결 등이 지연되면서 '세계 여러 나라가 함께 참여하는 다자주의적 자유무역 협상이 쉽게 진전되기 힘들다'는 점을 깨달은 세계 각국은 합의 결과를 도출하기 쉬운 양자협정 또는 동일한 지역 내 몇 개국이 함께 참여하는 지역협정, 즉 흔히 말하는 '자유무역협정'에 몰두하기 시작하였습니다.

그 이후 UR이 어렵게 타결되고 WTO가 출범하였습니다. 그러나 다음 단계 자유화 협상인 도하개발아젠다(DDA) 협상 출범에도 많은 어려움이 있었고, 출범 후에도 별 진전이 없었습니다.

이러한 상황에서 더 많은 나라들이 자유무역협정에 매달리기 시작했습니다. 우리의 경우, DDA 출범 이전인 1990년대 말부터 칠레와의 자유무역협정 등을 준비했으나, DDA의 추진이 미진해진 3~4년 전부터는 자유무역협정에 본격 매진하기 시작했습니다.

현재 우리가 세계적인 자유무역협정 조류를 따라잡기 위해 무척 노력을 하고는 있지만, 아직도 갈 길은 멉니다. 세계 6개국과 체결한 자유무역협정이 현재 우리 무역의 0.5% 정도에 적용되고 있을 뿐입니다. 다른 나라와 비교해 볼 때 우리는 자유무역협정 지각생이며 그 늦은 정도가 상당히 심각합니다.

주요국가 자유무역협정 체결 현황

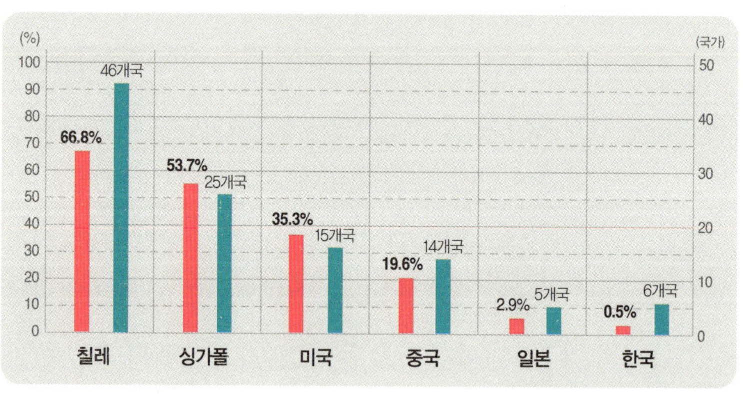

통계로 본 자유무역협정

# 세계 무역의 대세로 자리잡은 자유무역 협정

연도별 FTA 발효건수

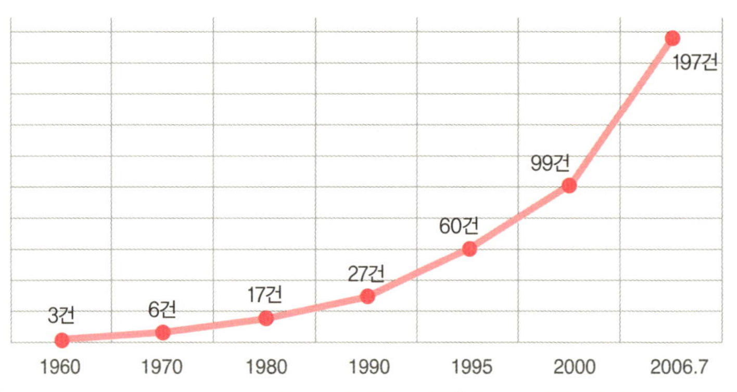

19

# 지금 세계는 '자유무역협정' 시대

▸▸▸ 자유무역협정이 주도하는 양자주의(bilateralism) 또는 지역주의(regionalism)는 이제 세계화(globalization)와 함께 오늘날 국제경제를 특징짓는 대표적인 조류가 되고 있습니다.

양자주의와 지역주의는 자유무역협정 당사국 외에 다른 나라에는 개방의 혜택을 주지 않는 차별적 개방의 원칙을 바탕으로 하고 있습니다. 이러한 차별적 개방은 WTO의 최혜국 대우원칙에 위배되지만, 자유무역협정들은 오히려 WTO 출범 이후 더 많이 늘어나고 있습니다.

이러한 자유무역협정 확산에는 복합적인 원인들이 있습니다.

우선 자유무역협정은 개방을 통해 경쟁을 심화시킵니다. 경쟁 심화는 생산성 향상으로 이어지고, 생산성 향상은 바로 경제발전을 가져옵니다. 따라서 많은 나라들이 자유무역협정을 무역부문에서의 중요한 경제개혁 및 경쟁력 강화 조치로 인식하고

이를 강력히 추진하고 있습니다.

또한 무역 자유화를 통해 외국 물자뿐만 아니라 외국인 직접 투자가 자유롭게 유입되는 것이 결국 경제성장을 이끄는 원동력 강화로 이어진다는 인식이 범세계적으로 널리 확산되었습니다. 외국인 투자는 고용을 창출하고, 기술과 경영 면에서 해당국의 경쟁력을 향상시켜 준다는 사실에 세계가 널리 동의하게 되었습니다. 이에 따라서 외국인 직접투자 유치에 큰 도움이 된다고 여겨지는 자유무역협정 체결이 적극 추진되게 된 것입니다.

자유무역협정 확산의 또 한 가지 중요한 이유는 앞에서 애기했듯이 WTO 중심의 다자협상에 대한 실망감이라고 할 수 있습니다. WTO는 이제 회원국 수가 너무 많아져서 전체적인 합의 도출이 정말 어렵고 많은 시간이 소요된다는 점에서 현실적 효용성이 떨어진다는 생각을 하게 되었습니다. 이러한 문제점들이 계속 부각됨에 따라서 많은 국가들이 더 이상 WTO 중심의 다자협상을 통한 무역 자유화에 기대할 수는 없다는 결론에 이르게 된 것입니다.

# 20 자유무역협정이 대세로 자리잡는 까닭

▸▸▸ 양자간 및 지역내 자유무역협정을 추진하는 데에서 국내에서의 이점도 상당합니다. 즉 정해진 국가들끼리 제3자에게는 적용되지 않는 배타적 호혜조치에 대한 합의를 준비하는 과정에서 실질적인 이익을 국민들에게 가시적으로 제시할 수 있다는 것은 매우 중요한 이점입니다.

그것이 가능해지면 국민 각 계층이 특별히 관심 있어하는 사항들이 어떻게 협상될 것이며 합의될 것인지 쉽게 제시할 수 있어서 반대와 지지가 명확해지고 반대를 최소화하고 지지를 극대화하는 조치를 취하기도 쉬워집니다.

이러한 국내정치의 절차적인 요소와 더불어 국제무대에서 흔히 거론하는 주장 중에서는 '자유무역협정을 통한 주요 국가 간의 보다 높은 자유화 추진이 결국은 WTO 중심의 다자적 자유화 노력을 선도할 수 있다'는 명분론도 있습니다. 다소 희망사항 같은 경향이 있습니다만, 주로 자유무역협정에 적극적이면서도 WTO에서도 적극적인 선진국들이 강조하는 주장입니다.

하지만 위의 어떤 이유들보다도 자유무역협정 확산의 가장 큰 이유는 무역 전환(trade diversion)에 대한 두려움이라고 하겠습니다. 자유무역협정 확산에 따라 역외 국가로서 받는 반사적 피해가 매우 심각할 수 있으며 이를 앉아서 당해서는 안 된다는 위기감이 팽배합니다.

원칙적으로는 이러한 무역 전환 현상과 같은 문제는 WTO와 같은 다자적인 감시기능을 통해 억제되어야 하는데, 최근 WTO 등에 대한 회의(懷疑)가 증대되면서, '오로지 믿을 것은 자유무

역협정의 유행에 동참하는 것'이라는 생각이 확대되고 있습니다. 그리고 이러한 세계 현상이 단시간 안에 뒤바뀔 수 있는 가능성도 거의 없습니다. 따라서 양자 및 지역주의, 즉 자유무역협정의 유행은 앞으로도 지속적으로 확산되고 강화될 수밖에 없을 것이라고 보아야 합니다.

# 21 공공 서비스, 천천히 그리고 멀리

▸▸▸ 많은 사람들이 자유무역협정이 체결되면, '공공서비스는 어쩌나' 하는 우려를 합니다. 하지만 자유무역협정을 체결한다고 해서 전기, 가스, 수자원 공급이 한번에 민영화되고 소유권이 외국 자본으로 넘어가는 것이 아닙니다.

다른 나라의 경우에도, 공공 서비스 부문은 국가나 공기업들이 운영하는 경우가 아직 많고, 국제적으로도 이러한 것 자체가 현안이 되는 것은 아닙니다. 다만 공공 서비스 시스템의 개선 차원에서 서비스 세부 부분별로 민영화 과정 등이 진행될 때, 그 과정에 국내 민간 기업들이 참여함에 있어서 외국 기업들도 차별하지 말고 참여의 기회를 달라는 내용을 자유무역협정에 담을 수 있습니다.

이러한 비차별 조항은 우리도 적극적으로 외국에 요구할 수 있는 내용입니다. 우리의 전력, 가스, 철도 서비스도 이제 세계

수준의 노하우를 축적하였습니다. 이제 이러한 노하우와 기술을 국제시장에 대한 적극적 진출을 통해서 더 넓게 발휘하고, 이를 통한 가치 창출을 추구 할 필요가 있습니다.

그렇게 국제시장 경쟁에 참여하여 기술 및 경영의 효용성과 노하우를 향상시키는 것이 결국은 우리의 공공 서비스 이용자들을 위하는 길입니다.

공공 서비스라고 해서 국제시장에 대해 수세적일 필요는 없습니다. 우리의 기술 및 경영 노하우 수준이 이미 그 단계를 넘어섰기 때문입니다. 적극적인 사고로 세계무대에서 경쟁하려는 마인드가 우리 공공 서비스 산업의 지속적인 발전과 우리 국민들의 생활수준 향상을 위해서 꼭 필요합니다.

# 22 의료혜택은 국민 모두에게

▸▸▸ 우리의 생사가 걸린 건강문제도 외국인들이 독차지 할까 걱정하는 사람들이 많습니다. 그런데 기본적으로 국민의 건강문제는 자유무역협정 등으로 영향을 줄 수 있는 사안이 아닙니다. 예를 들어서, 우리나라가 현재의 비영리 의료체계를 오로지 외국의 요구 때문에 한 번에 영리로 전환하는 것은 있을 수 없는 일입니다. 건강보험제도 역시 '모든 국민에게 의료혜택을 제공한다'는 우리 의료체계 원칙의 근간으로, 자유무역협정에 의해서 순식간에 근본적으로 변화시킨다는 것은 비현실적인 생각입니다.

현재 건강보험에서 약제비 비중이 과다한 것으로 판단되어 이러한 약제비 지출을 줄이기 위해서 추진 중인 '약제비 적정화 방안' 역시 자유무역협정과 일단은 무관하게 추진해 가야 할 과제입니다. 자유무역협정에 의해서 의료수가나 약값이 폭등하게 될 것이라는 걱정은 현실과는 거리가 먼 얘기입니다. 국민 건강을 관리하는 제도의 큰 틀은 자유무역협정에 의해 바뀔 수 있는 사안이 아닙니다.

다만 향후 우리의 미래에 있어 점점 더 제약 및 바이오 산업의 중요성이 증대되고 있으며, 신약 개발 등을 통해서 우리의 경제가 커나가기를 희망하는 입장에서 볼 때, 장기적이며 지속적으로 우리 산업의 경쟁력을 높이는 방안에 대해서는 끊임없이 고민해야 할 것입니다.

다국적 제약회사의 꾸준한 우리시장 진출을 통해서 우리의 전문 지식과 노하우가 나날이 증대되고 있으며 국제적으로 협력하고 경쟁할 수 있는 우리 제약업계 전문가들의 수도 날로 증대되고 있습니다. 이들이 더욱 자유롭게 글로벌한 전문성을 키워갈 수 있는 환경 조성이 필요합니다. 자유무역협정은 이러한 환경 조성에 가속도를 더하는 방향으로 추진되어야 할 것입니다.

# 23 '기러기 아빠' 줄이는 방법

▸▸▸ 교육시장이 개방되면 우리 교육을 외국인들이 독차지하게 될까요? 자유무역협정을 체결해서 세계 최고 일류 대학과 사립학교들이 모두 한국으로 앞다투어 분교를 열고 한국 학생들을 가르친다면 우려도 많겠지만 환영할 사람들도 많겠지요. 하지만 다행인지 불행인지 몰라도 그런 일은 없을 것입니다. 세계 최고의 학교들은 이미 자국내 본교에서도 충분히 많은 한국 학생들을 받고 있으며, 외국에 분교를 세우면서까지 세확장에 매달릴 필요는 없다고 생각하는 비영리 재단들이 대부분입니다. 그리고 아시아에 분교 설치를 원하는 유명 학교들의 경우, 싱가포르 등에 이미 대부분 진출하였습니다. 한미자유무

역 협상에서 미국 측이 공교육 즉 의무교육시장 개방이나 교육 제도의 영리화를 요구하지 않는 것은 바로 이러한 이유들 때문입니다.

오히려 차근차근 교육시장 개방을 준비해서 이를 통해서 향후 장기적으로 세계 수준의 교육기관을 하나 둘씩 끌어드리도록 노력하는 것은 우리의 몫입니다. '개방해봤자 최고는 안 들어오고 시시한 교육기관들만 들어올 터이니 차라리 열지 말자' 는 것은 우리 인적 자원의 미래 경쟁력을 고려하지 않는 근시안적인 생각입니다.

이제 세계시장에서의 승부는 인적 자원의 수준에 의해 판가름됩니다. 교육시장에 장벽을 세워둔 채로 우리의 우수 인재들이 외국으로 빠져 나가는 모습을 뒤에서 지켜만 보는 것은, 세계 경제에서 우리의 미래 입지를 스스로 포기하는 것입니다. 우리 인적 자원 개발에 있어서 수동적인 사고는 이제 버려야 합니다. 교육이 세계 수준이라야 경제도 세계 수준으로 나아갈 수 있습니다.

# 한 · 칠레 자유무역협정

한-칠레 FTA발효 전후 주요 상품 대 칠레 수출 현황

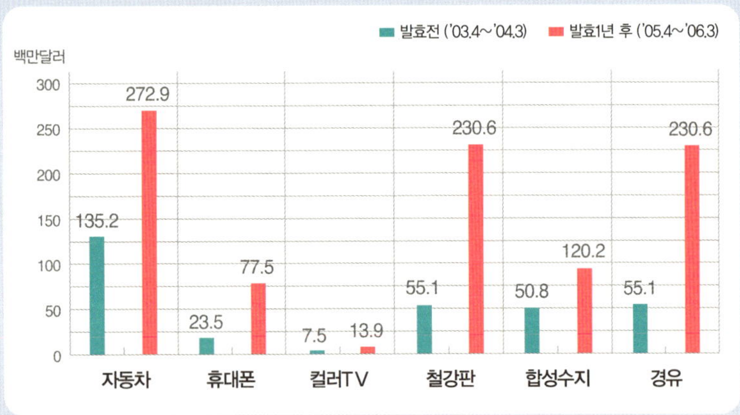

우리의 첫 자유무역협정 사례에서 자유무역협정의 효용성이 명확하게 드러나고 있습니다. 대칠레 수출이 주요 상품별로 그리고 전체 수량면에서도 자유무역협정 체결 후 전례 없이 큰 폭으로 증가하고 있습니다. 대칠레 수입은 반대했던 측에서 우려했던 바와는 달리 오히려 줄어들고 있습니다. 개방교역체제하에서 우리 경제의 경쟁력을 다시 한번 분명히 보여주는 사례입니다.

**한-칠레 FTA 발효 전후 수출·입 현황**

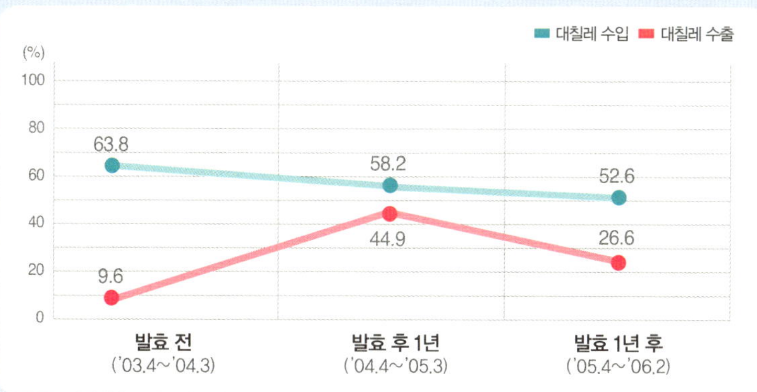

제3장

# 새로운 도약,
# 한미자유무역협정

# 24 왜! 미국인가

▸▸▸ 미국과의 자유무역협정에서 기대되는 효과는 다른 어느 나라와의 자유무역협정 효과보다 훨씬 큽니다. 한마디로 우리 경제의 새로운 도약의 전기를 제공할 것입니다. 그래서 기왕 자유무역협정을 하려면 미국과 하는 것이 다른 자유무역협정을 쉽게 하는 방법입니다.

미국은 세계에서 가장 선진화된 시장입니다. 이러한 시장을 장기적이고 안정적으로 확보하는 것이 중요합니다.

미국과의 자유무역협정이 체결되면, 당연히 우리의 수출이 늘어날 것입니다. 이는 고용 창출로 이어질 것입니다. 늘어나는 대미 수출을 통해서, 우리 측에 경쟁력이 있는 산업들은 더욱 싼 가격에 더욱 좋은 품질로 전세계 시장에서 승부하게 될 것입니다.

자유무역협정을 통해서 우리 경제 · 사회 시스템이 선진화 될 수 있을 것입니다. 이렇게 되면 우선 직접적으로는 미국과의 통상마찰이 훨씬 줄어들게 될 것입니다. 통상 마찰로 발생했던 비용은, 우리 기업의 경쟁력 향상에 밑거름으로 쓰여질 것입니다. 양국간 통상마찰이 줄어들면, 더 많은 미국의 투자자들이 한국에 대한 투자를 생각하게 될 것입니다.

또한 우리 경제 · 사회 시스템의 글로벌화 · 선진화는 국제 시장에서 우리의 경쟁력 향상과 직결됩니다.

우리 경제제도가 더욱 글로벌화 됨과 더불어 우리의 산업도 더욱 고도화 될 것입니다. 서비스 산업의 체질이 강화되고, 제조업이 더 많은 고부가가치 상품을 생산하게 될 것입니다. 우리의 기초 산업이 더욱 합리화 될 것입니다. 그리고 무엇보다도 우리의 소비자들이 미국 측에서 만들 수 있는 더 좋은 제품을 더 싼 가격에 이용할 수 있게 됩니다.

물론, 이러한 혜택은 공짜가 아니며, 필요한 대가를 치러야 합니다. 우선, 일부산업에서의 구조조정이 필요합니다. 내수 위주의 산업들 중 일부에는 상당한 부담이 될것입니다. 정부가 특정산업을 전략적으로 키우는데 더 많은 어려움이 발생할 것입니다. 이러한 변화 속에서 상당한 갈등이 발생할 것이며, 이의 해결을 위한 많은 노력을 필요로 할 것입니다.

하지만, 이러한 대가나 비용보다는 우리가 기대할 수 있는 혜택이 더 크기에 미국과의 자유무역협정은 성공하여야 합니다.

# 25

## 미국시장에서의 우리 경제 성적표는?

▸▸▸ 미국은 세계 수입시장의 약 22%를 차지하는 최대 시장입니다. 그런데 이러한 중요한 시장에서 우리의 시장점유율은 서서히 떨어지고 있습니다.

1990년 3.7%였던 미국에서의 한국 상품 점유율이 1995년 3.3%로 떨어졌을 때 모두 우려가 대단했으며 '점유율을 다시 올려야만 한다'고 목소리를 높였습니다. 하지만 10년이 지난 지금 2005년 현재 미국 내 한국 상품 시장 점유율은 2.6%로 이전보다 오히려 더 떨어졌습니다.

시장 점유율만이 문제가 아닙니다. 교역 규모 면에서도 상황은 심각합니다. 다른 대부분의 나라들이 미국과의 교역량이 증대하고 있는 지금 우리는 2004년에서 2005년 사이 오히려 대미 수출이 전년도 대비 5.2% 감소하였습니다.

그 점에서 중국과 인도의 약진은 무섭습니다. 미국 시장에서 양국은 무서운 속도로 세를 확장하고 있습니다. 물론 지금까지는 낮은 노동력 위주로 경쟁력을 키워왔으나, 최근 들어 고부가 가치 제품에서의 도약이 주목됩니다. 1990년까지만 해도 미국 내 시장점유율이 우리보다 낮았던 중국은 15년 만에 시장점유율이 우리의 5배에 달하는 놀라운 성장을 이루었습니다. 신흥 거대 경제에 밀리는 우리의 모습이 걱정입니다.

우리 경제는 이제 또다시 중요한 기로에 서 있습니다. 수년간 계속 되어온 미국 시장에서의 약세 현상을 반전시킬 계기가 필요합니다. 이러한 계기는 바로 미국과 자유무역협정 체결을 통해 찾을 수 있을 것입니다. 그 필요성은 매우 절실합니다.

미국시장 현황

# 미국시장에서 한국의 현주소

미국내 시장점유율

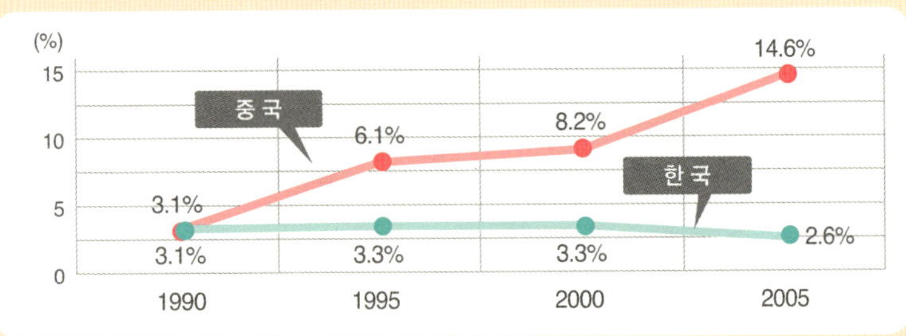


대미 수출증가율 – 2005

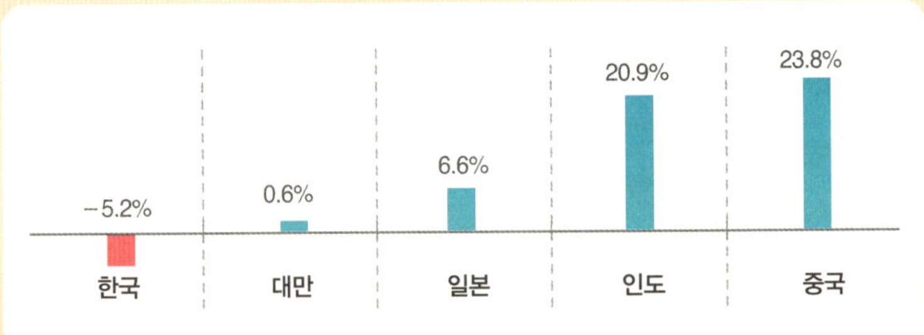

세계 수입시장에서의 비중 및 규모 – 2004

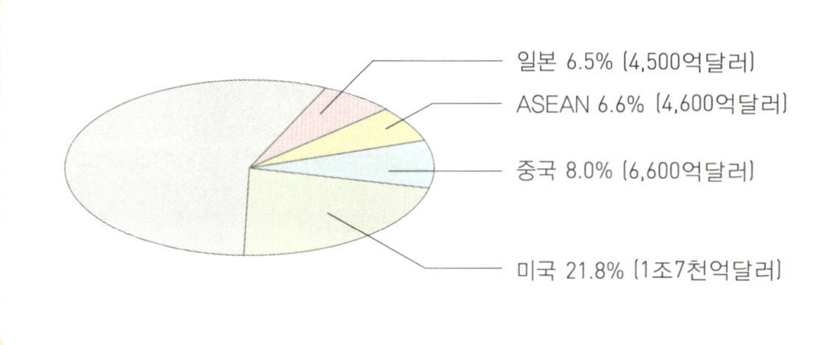


※ 중국, 일본, ASEAN을 모두 합쳐도 미국의 시장규모가 더 큽니다.

# 26 대한민국 경제 미래를 향한 돌파구

▸▸▸ 우리나라는 근대 인류사에서 유례가 드문 급속한 경제성장을 이룩하였습니다.

그 성공의 신화는 1997년 외환위기라는 큰 시련으로 인해 한때 잊혀지는 듯했으나, 우리는 곧 다시 그 위기의 극복이라는 세계가 또 한 번 놀라는 성공 스토리를 만들어 냈습니다.

하지만 그 성공 이후 어느새 여러 해가 흘렀고, 한국 경제 앞에는 또 다른 도전들이 자리하고 있습니다.

국경을 초월하여 오로지 최고의 자리를 위해 경쟁하는 세계 일류 기업들과 이들이 주도하는 세계시장은 우리 사고의 대대적인 전환을 요구하고 있습니다. 글로벌 마인드를 가지고 글로벌 엘리트와 경쟁하며 미래로 나아가야 합니다. 그러지 못할 경우에는 그동안 쌓아온 '세계 경제발전 우등생' 자리를 내어주고 역사속으로 잊혀져 갈 수도 있는 상황입니다.

거기에다가 갑자기 찾아온 세계 최저의 출산율, 세계 최고 속

거의 다 온것
같은데…

도의 고령화 현상은 우리로 하여금 하루빨리 과거의 사고방식을 벗어던지고 발상의 전환을 통해서 새로운 미래를 개척해 갈 것을 요구하고 있습니다. 모든 경제활동에서 부가가치를 획기적으로 높이고 효율성을 대폭적으로 향상시키는 시스템 전반의 혁신이 필요한 시점입니다.

이러한 전환점에 있는 우리에게는 한미 자유무역협정이 필요합니다. 지금까지의 사고를 탈피하여 획기적인 도약, 극적인 진일보를 이룰 수 있는 계기가 바로 한미 자유무역협정입니다.

지금까지 당연시 했던 것들을 다시 생각해보고, 과감히 던질 것은 던져버리고 글로벌 시대의 글로벌 리더와 어깨를 나란히 하는 것이 우리의 미래를 새롭게 여는 길입니다.

# 27

## 저출산·고령화시대, 우리 경제는

▸▸▸ 저출산이 사회적인 문제가 되고 있습니다. 1970년 4.53명이었던 여성 1인당 출산율은 1990년 1.60명을 거쳐 2005년에 1.08명으로 낮아졌습니다.

이는 선진국 OECD 평균 1.6명에 훨씬 못 미치며, 인구의 현재 규모를 유지하는 데 필요한 '인구대체 출산율' 2.1명과는 큰 차이가 있는 수준입니다. 즉, 우리 인구는 향후 상당히 빠른 속도로 줄어들 것으로 예상됩니다.

이는 경제활동인구의 급격한 감소를 뜻합니다. 경제를 움직이는 사람들이 줄어들면 경제생산도 당연히 줄어들고, 근본적인 변화가 없는 한 경제 규모 자체가 줄어들게 됩니다.

그 반면에 새로 태어나는 신생아수가 감소하고 전체 인구가 줄어들수록 현재 살아 있는 사람들이 나이가 들면서 노인 인구는 늘어나게 됩니다. 실제로 1980년 146만 명에 달했던 노인 인구는 2000년 782만 명으로 급격히 늘어났으며, 2025년까지

990만 명으로 늘어날 것이라고 추정됩니다.

직접 생산에 참여하지 않고 부양받아야 할 노인들이 이렇게 늘어나는 것은, 인구 전체가 감소하는 상황에서 막대한 경제 부담이 됩니다. 그렇다면 힘 있게 일할 젊은 사람들이 감소하고,

육체적 활동에 제약이 있는 노인 인구가 증가하는 가운데 우리 경제는 어떤 해법을 찾아야 할까요?

한가지 답은 서비스 산업을 키우는 것입니다. 노인들이 큰 부담 없이 오래 일할 수 있는 서비스 산업을 이제 더 활성화시켜야 합니다.

이 점에서 우리에게는 많은 가능성이 있습니다. 가장 최근에 종합된 2003년 국제통계를 보면, 미국은 전체 경제에서 서비스업이 차지하는 비중이 4분의 3을 넘어서 75.6%에 달하고 있습니다. 영국과 프랑스도 모두 4분의 3에 근접하고 있습니다. 일본도 70%에 다가가고 있습니다. 우리나라만이 반을 겨우 넘은 55.8%입니다. 선진경제의 서비스 산업 비중을 볼 때, 우리 서비스 산업을 키울 여지는 아직 많습니다.

물론 서비스 산업으로 경제의 중심이 옮겨가는 산업구조 전환은 쉽지 않은 과정이며, 결정적인 전환의 계기가 필요합니다. 한미 자유무역협정이 바로 그러한 전기를 제공할 것입니다. 한국경제에 새로운 경쟁구조를 도입하고, 서비스 중심의 선진 경제를 여는 출발점을 제공할 수 있는 것이 바로 한미 자유무역협정입니다.

# 28 최고의 파트너와 함께 미래를…

▸▸▸ '서서히 시장을 개방하면서 생산기술의 노하우를 쌓아 세계 최고들과 경쟁해가면 된다'고 하던 노동집약적 제조업 중심의 시대는 지났습니다. 손으로는 만질 수 없는 무형의 지식과 정보가 직접적으로 가치를 창출하는 시대가 왔습니다. 수시로 변해가는 소비자 개개인의 필요에 따라서 끊임없는 변화와 혁신을 통해 새로움으로 곧바로 승부해야 하는 지식기반경제의 시대입니다. 세계 최고와 파트너십을 맺고 협력하거나 아니면 정면승부를 해야만 하는 상황입니다.

미국은 소위 '매출액 대비 R&D 투자가 5%가 넘는 연구개발집약적 기업' 수에서 세계의 추종을 불허하는 우위를 지키고 있습니다. 특히 현재 세계경제를 선도하고 있는 IT 분야, 특히 소프트웨어와 컴퓨터 관련 연구개발 투자에서 세계시장의 절대적인 비중을 차지하고 있습니다. IT 하드웨어와 의약품 및 생명공학 부분에서도 마찬가지입니다.

미래를 생각하는 기업과 국가라면 잠시도 지식기반경제를 도외시할 수 없으며, 그 점에서 미국 시장의 중요성을 잠시라도 잊을 수 없습니다. 미국 시장의 글로벌 리더들과 직접 협력하고 경쟁하는 구도에 적극 뛰어들어야만 합니다.

세계시장에서의 양극화는 그 무엇보다도 급상승하는 세계 최고 기술 수준에 못따라 가고 낙오되는 결과에 의해서 발생합니다. 세계 최고 기술을 만드는 기업들과 협력하고 경쟁하는 것은 글로벌 시장의 최고 정점에 서는 최선의 길입니다. 그 점에서 미국과의 자유무역협정이 바로 우리의 미래를 열고 세계시장에서 승부할 수 있도록 우리의 입지를 다지는 길입니다.

# 29 미국 시장 선점, 2등은 없다

▸▸▸ 미국은 세계의 최첨단 기술과 상품들이 경쟁하는 가장 중요한 시장입니다. 단순하게 말하자면 미국에서 성공하면 어디에서든 성공할 수 있습니다.

미래를 생각하는 기업과 국가는 미국 시장에서의 경쟁을 결코 도외시할 수 없습니다. 미국 시장을 생각하지 않고 당장 잘 팔리는 중저가 중심 시장에 도취해 있다가는 미래를 기약할 수 없기 때문입니다.

최고의 품질과 최선의 기술이 통하는 미국 시장에서 미국을 포함한 세계 각국의 최고 기업과의 경쟁에 이기는 것만이 진정한 글로벌 리더가 되는 길입니다.

그 점에서, 미국과의 자유무역협정은 다른 경쟁자들을 앞서가는 길입니다. 일본보다, EU보다, 중국보다 앞서서 우리가 미국과 자유무역협정을 체결한다면, 이는 글로벌 시장에서 우리 경제의 미래 입지를 확보하는 최선의 길이 됩니다.

남들이 미처 못한 것을 해내는 데에는 많은 어려움이 따릅니다. 우리 내부에 회의와 반대가 많았던 것도, 결국은 남들보다 앞서가고자 하는 데 대한 대가를 치르는 것이라고 볼 수 있습니다.

하지만 그러한 어려움을 극복하고 성공한다면, 그에 따른 성과는 모든 비용을 훨씬 넘어설 것입니다.

우리가 우물쭈물하는 사이에 일본이나 중국이 우리보다 먼저 미국과 자유무역협정을 체결하는 상황은 피해야 할 것입니다. 우리 상품은 특히 일본이나 중국산 제품에 의해 대체될 가능성이 높습니다.

중국이나 일본이 미국과 먼저 자유무역협정을 체결하게 되면 그 영향은 우리에게 그야말로 뼈저리게 다가올 것입니다. 뒤늦게 일본이나 중국을 따라잡으려고 미국과 자유무역협정을 체결한다고 하더라도 대체효과를 통해 넘어가 버린 시장선점 우위는 쉽게 우리에게 돌아올 수 없는 것입니다.

우리가 미국과 자유무역협정을 추진하는 모습을 일본과 중국이 긴장한 채로 주시하는 이유가 바로 거기에 있습니다.

한 번의 각오로 더 큰 것을 확보할 수 있는 것, 그것이 자유무역협정의 혜택입니다. 미국과의 자유무역협정은 미래를 향한 우리의 도약에 있어 가장 중요한 발판이 될 것입니다.

# 30 지각생에서 우등생으로

▸▸▸ 앞에서 지적한 자유무역협정 지각생 문제를 기억하지요?

- 세계 무역의 50% 이상이 이미 지역및 양자간 자유무역협정의 적용을 받는다는 점
- 미국 경제의 대외의존도는 약 20%, 일본은 22%, 중국은 60%에 비해서 우리는 70%나 된다는 것
- 이에 반해 자유무역협정과 관련한 각국별 무역 규모가 미국은 어느새 35%, 중국은 약 20%, 일본마저 3%에 육박하는 가운데, 우리는 아직 0.5%밖에 되지 않는다는 역설적인 현실

이러한 지각현상을 만회하는 것은 결코 쉬운 일이 아닙니다. 이미 많이 뒤처진 상황에서 짧은 시간 내에 다른 국가들을 따라잡는 것은 거의 불가능한 것으로 보일 수도 있습니다.

하지만, 한 가지 가능성은 있습니다. 한미 자유무역협정이 바

로 그것입니다. 한미 자유무역협정 체결에 성공한다면 다른 자유무역협정들은 한결 쉬워질 것입니다.

우선은 미국과 자유무역협정을 체결한 우리에 대한 다른 나라의 시각이 달라지게 됩니다. 신인도 향상이 그 효과의 하나입니다. 칠레의 경우, 2004년 1월 미 · 칠레 자유무역협정 발효 이후에 국가 신용등급이 A-에서 A로 상승하였습니다. 더 많은 나라들이 우리와의 자유무역협정에 더 적극적인 자세로 나올 것입니다.

그리고 미국 측과 한번 조율한 제도와 무역 자유화 방안들은 손쉽게 다른 나라와 협력의 틀로 이용할 수 있습니다. 더 어려운 협상 없이 이미 있는 틀과 수준에 맞추어 상호 개방을 논의하면 진전이 훨씬 쉬워질 것입니다.

한번 높은 장대를 넘는 능력을 갖게 되면 다른 낮은 장대는 더

이상 문제가 되지 않습니다.

실제로 한미 자유무역협정이 체결되면, 호주, 뉴질랜드, EU 등과의 자유무역협정을 추진하는 데 상당한 탄력이 붙을 것이라는 예상이 지배적입니다.

세계무대에서 자유무역협정 지각생인 한국이 앞서가는 선두주자들을 따라잡을 길은 한미 자유무역협정에서의 성공입니다.

# 31 대한민국 농업 '경쟁력'의 힘으로

▸▸▸ 무역 자유화와 개방이 양방향으로 이루어질 때, 양측에서는 각자의 경쟁력이 있는 부문에서 이득을 얻게 됩니다. 이 점에서 무역 자유화 및 개방은 윈-윈 게임이 되는 것입니다.

농업 분야는 우리의 경쟁력이 약한 부문입니다. 따라서 한미 자유무역협정에 따른 부담을 예상해야만 합니다.

하지만 '한미 자유무역협정으로 인해 한국 농업이 붕괴될 것'이라는 주장은 과장된 것입니다. 우리는 이러한 주장을 한 · 칠레 자유무역협정 당시에도 그대로 들었습니다. 그런데 한 · 칠레 자유무역협정을 체결한 이후 한국 농업이 받은 타격은 거의 없는 것으로 나타나고 있습니다.

한미 자유무역협정은 한 · 칠레 자유무역협정의 경우보다는 더 실질적인 영향을 한국 농업에 끼칠 것으로 예상됩니다. 우리 정부는 이 점을 깊이 숙지하고 있습니다. 그리고 농업 품목별 민감도를 심도있게 검토하여 이에 따라서 차별화된 협상 전략으로

대응하면서 개방에 따른 피해를 최소화할 수 있도록 노력하고 있습니다.

협상 결과에 따라서 피해 예상 부문이 정해지면, 정밀한 영향 분석을 거쳐서 피해 지원 대책을 마련해야만 할 것입니다.

명확한 지원 원칙은 이미 서 있습니다. 첫째 농업의 경쟁력을 향상시키며, 둘째 농촌사회를 안정시키는 것입니다. 즉, 정부의 지원은 농촌의 자체적인 장기 구조조정을 돕고 농가소득을 안정적으로 관리하는 방향으로 제공될 것입니다.

무역 자유화와 개방은 경쟁력이 취약하던 부문에 새로운 경쟁력을 불어넣는 방향으로 활용해야 합니다. 자유화와 개방은 언젠가는 필요한 것이며 보호와 폐쇄는 영구히 지속될 수 없는 것입니다. 자유화와 개방을 통해서 경쟁을 유발하는 것만이 경쟁력을 제대로 높이고 자생력을 확보하는 유일한 길입니다. 우리 농업도 그 길을 가야 할 것입니다.

# 한 · 칠레 FTA 체결 이후 국내 농산물 시장 현황

한-칠레자유무역협정 체결후 칠레산 농산물 수입이 대폭 증가하였습니다. 그러나 우리 농가의 실질적 피해는 미미한 것으로 판단됩니다.

### 한 · 칠레 자유무역협정 체결 후 칠레산 농산물 수입 현황

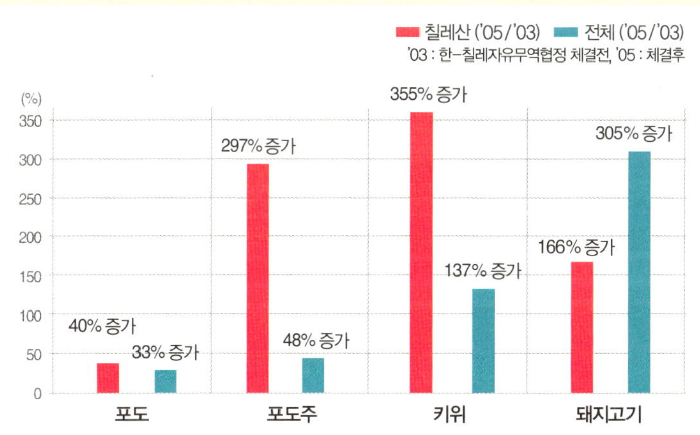


※ 돼지고기는 전체 수입이 대폭 증가하였으며, 칠레로부터의 수입분은 전체증가세에 비하면 오히려 증가 정도가 부진하다고 볼 수 있습니다.

포도와 키위의 경우 모두 국내 수요가 크게 늘어서 국내생산 및 가격이 모두 상승했으므로, 우리 농가는 오히려 더 나은 상황을 맞게 되었습니다.

**포도 키위 국내 수효 증가 현황**

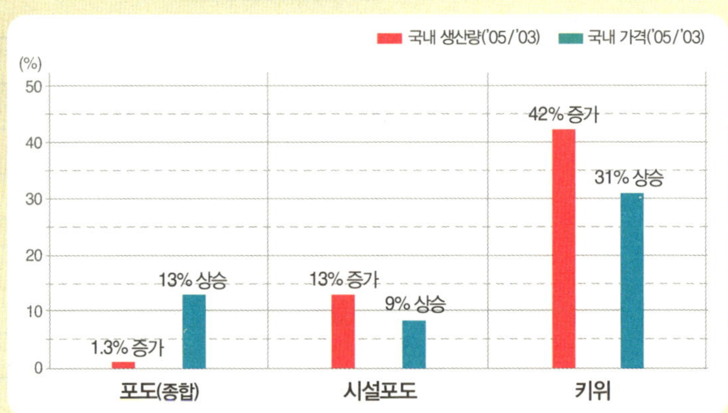


칠레 포도주는 우리시장에서 프랑스 포도주를 대체하고 위스키 수입을 감소시킨 효과를 보였습니다.

**한-칠레자유무역협정 발효 전후**

| | 발효 1년 전 | 발효 2년 후 |
|---|---|---|
| 칠레산포도주 시장점유율 | 10.2% | 20.5% |
| 프랑스산포도주 시장점유율 | 65.7% | 38.1% |
| 포도주 수입액(백만달러) | 37 | 49 |
| 위스키 수입액(백만달러) | 1,799 | 1,381 |

# 32 중국 먼저, 미국은 나중에?

▸▸▸ 미국과의 자유무역협정보다는 중국과의 자유무역협정이 우선되어야 하지 않나 하는 의문을 제기하는 사람들이 있습니다.

규모 면에서 향후 세계 최대 시장으로 성장해 갈 중국 시장은 분명히 중요하며, 이러한 시장에 먼저 입지를 확보하고 시장 선점을 위한 발판을 마련하기 위한 한중 자유무역협정은 필요합니다.

제조업을 중시하는 입장에서는 다른 어떤 자유무역협정보다도 중국을 우선해야 한다는 주장에 좀 더 쉽게 동의할 수 있는 것도 사실입니다.

하지만 추진상의 민감도 문제가 있습니다. 농업에 있어서 특히 그러합니다. 미국의 경우, 우리 농산물 시장이 대폭 개방된다고 하더라도 실질적인 농산물 수입이 품목전반에서 동시에 전면 증가 할 것이라고 보기가 어렵습니다. 예를 들어 한국과 미국 간에는 지리적 거리와 수송에 소요되는 시간이 있기 때문에 신선 농산물 등의 경우에는 수입이 용이하지 않습니다.

그러나 중국의 경우에는 이러한 제약이 없습니다. 따라서 농산물 시장의 대폭 개방 등의 요구를 그대로 수용할 경우, 농업 부문에서 상당한 규모의 타격이 예상됩니다.

따라서 농업 개방의 수위 조절이 매우 민감한 사안이며 이 부문에 대한 전략적인 고려와 조심스러운 준비에 더 많은 시간이 필요합니다. 그리고 이러한 부문에 대한 단계적인 개방도 고려하여 자유무역협정을 본격 추진할 경우 그 충격을 줄여가는 것도 중요합니다. 중국과의 자유무역 협정 추진에는 더 많은 시간이 필요합니다.

실제로 2004년 11월 6일 제2차 대외경제장관회의에 보고된 산업연구원(KIET) 보고서에서는 한중 자유무역협정 추진 우선을 권고하고 있습니다. 그러나 대외경제연구원(KIEP) 및 무역연구소는 한미 자유무역협정 우선을 권고했고, 이에 따라서 농촌경제연구원 및 해양수산개발원의 평가 등을 종합한 결과, '미국-ASEAN-중국' 순으로 추진해야 한다는 방향으로 정부의 입장이 정리된 바 있습니다.

# 대한민국, 미국을 만나면

# 33 세계를 놀라게 할 비결

▸▸▸ 세계 어느 나라보다도 자유무역을 중시해왔으며 이를 통해 성장해온 대한민국이지만, 이러한 우리 나라를 보는 세계의 시각은 우리가 축적해온 이러한 현실과는 다소의 거리를 보이고 있습니다.

세계 시장 일부에는 '아직도 한국은 외부에 대해 폐쇄적이며, 한국 기업들 간의 그리고 정부와 기업 사이의 담합을 통해 세계 시장에서 불공정한 경쟁을 한다'는 시각들이 있습니다.

우리가 한미 자유무역협정에 성공한다면 이러한 시각을 고수해온 사람들은 한국을 다시 보지 않을 수 없을 것입니다. '한국은 자유무역 추구에 소극적이다' 라는 오해를 하던 이들이 우리를 다시 생각하게 될 것입니다.

'한국은 자유무역협정 후발주자' 라는 인식을 한미 자유무역협정을 통해서 바꿀 수 있을 것입니다. 시장개방에 적극적인 한국의 이미지를 세계에 각인시킬 수 있습니다.

다른 나라와의 자유무역협정이 쉬워질 것입니다. 제도와 규제의 문제가 한미 자유무역협정을 통해서 많이 해소되고 나면 다른 나라와의 협상이 훨씬 용이해질 것입니다. 우리가 훨씬 더 적극적 · 공세적으로 나서서 훨씬 더 많은 개방의 효과를 이끌어 낼 수도 있을 것입니다.

그리고 '미국과 자유무역협정을 한 나라 한국'에 대한 다른 나라의 신뢰가 높아져 자유무역협정 협상 자체가 쉬워질 것입니다.

한미 자유무역협정에 대한 국내 합의 도출이 지금까지는 쉽지 않았지만, 이 협상이 성공적으로 마무리된다면, 또 다시 같은 어려움의 길을 갈 가능성은 훨씬 줄어들게 될 것입니다.

지금의 어려운 과정이 지나면 더 많은 우리 국민들이 자유무역협정에 대해서 알게 되고 이해하게 될 것입니다.

그렇게 되면 우리가 세계 속의 자유무역협정 선두주자가 되는 데 있어서 가장 중요한 기반이 마련되는 것입니다.

지금 겪는 어려움이 힘들게 느껴질 수도 있지만, 지금의 어려움으로 인해 미래의 도전을 이겨내기가 훨씬 쉬워질 수 있다는 믿음을 바탕으로 좀 더 적극적으로 어려움을 헤쳐나아가야 할 것입니다.

## 34 외국인 '돈뭉치' 몰려올까

▸▸▸ 최근 외국인 투자에 대한 우리의 열기와 관심이 다소 주춤해지는 분위기입니다. 하지만 이러한 분위기는 바람직한 것이라고 볼 수 없습니다.

우리가 세계무대에서 경쟁하고 성공하는 것이 우리의 미래를 위한 길이라면, 이를 위해서는 외국인 투자가 지속적으로 우리 시장으로 유입되어야 합니다.

2000년에서 2005년까지 5년 동안 우리나라 일자리는 256만 개가 더 늘어났습니다. 이 중 자그마치 5분의 1인 53만개 일자리가 외국인 투자로 창출된 것입니다. 우리 경제에서 외국인 투자의 중요성은 이 한 가지 통계만으로도 확연히 알수 있습니다.

외국 기업들은 한국에서 글로벌 인재들을 양성하고 있습니다. 이들 인재들은 그들이 속한 외국 회사에서 글로벌 스탠더드를 배우고 다른 나라의 전문 인력들과 협력하고 경쟁하면서 우리 경제 전체의 수준을 높여가고 있습니다.

이들 외국 기업의 생산 기술, 경영 노하우, 경영 윤리가 우리 경제의 부분이 되어가고, 우리 경제의 전체적인 수준을 나날이 업그레이드시켜 가고 있습니다. 이들 외국 기업들이 창출한 부가가치가 우리 경제의 총생산을 늘려가고 있습니다. 외국인 투자는 우리 경제에 없어서는 안 될 부분이며, 앞으로도 꾸준히 늘려가야 할 우리의 경제적 자산입니다.

이렇게 필요한 외국인 투자 유치 확대에 있어서 한미 자유무역협정이 결정적인 역할을 하게 될 것입니다. 미국과의 자유무역협정이 성공하면, 미국의 기업들이 한국에 진출하는 것이 용이해지고, 미국 기업의 한국 진출은 다른 선진국 기업들의 한국 진출 동기를 유발하게 될 것입니다. 이를 통해서 더 많은 일자리가 창출되고, 국민소득이 증대하며, 한국 경제의 경쟁력 제고가 이루어질 것입니다. 한미 자유무역협정은 이러한 선순환의 출발점이 될 것입니다.

# 35 프로의 세계, 국경은 없다

▸▸▸ 서비스업은 사람으로 승부합니다. 서비스업의 국경이 열리면 상대방 국가의 서비스 기업이 들어오겠지만, 그들이 들어와서 결국 필요로 하는 것은 절대 다수가 우리 인력입니다. 최고 경영진을 제외하고는 결국 현지 인력을 고용해야 현지 영업이 가능하기 때문입니다.

시장 개방 이후 우리 시장에 진출해서 성공할 수 있는 것은 대부분 고급 서비스업이기 때문에 결국 이들 외국 기업들은 우리의 고급 인력을 고용하고, 고용한 우리 인력들을 더욱 고급으로 키워가야 할 것입니다. 또한 좋은 대우를 제공해야 할 것입니다.

이렇게 키워진 우리의 고급 인력들은 결국 우리 경제의 업그레이드와 글로벌화에 기여하게 됩니다. 상대방 국가나 전세계 시장에 대한 진출 역시 활성화될 것입니다.

미국과의 자유무역협정의 이점이 바로 여기에 있습니다. 세계 최고의 서비스 경제와 직접 담을 허물고 하나가 됨으로써 우리의 프로페셔널들이 세계 최고 수준으로 성장할 수 있습니다. 세계 최고의 시장으로 자유롭게 진출할 수도 있게 됩니다.

한미 자유무역협정은 전문 서비스업에 종사하는 한국 최고의 프로들에게 자기 발전의 기회와 꿈을 펼칠 기회를 선사하게 될 것입니다. 전체 경제 면에서는 대규모 추가 고용, 노하우 전수 및 범세계 시장과의 교류 활성화의 기회를 제공하게 될 것입니다.

# 36 높은 관세의 장벽을 넘어서면

▸▸▸ 우리나라의 평균 관세율은 11.9%이며, 미국 측의 평균 관세율은 4.9%입니다. 이 수치만을 보면서 자유무역협정을 통한 양국의 동시적 관세 철폐는 우리에게 손해라는 주장을 하는 사람들이 있습니다.

하지만 내용을 따져보면 이러한 주장은 너무나 단순합니다. 현재 11.9%인 한국 측 평균 관세가 미국 제품들이 한국에 진출하는 데에서 어느 정도의 장벽이 되며, 그 반대로 미국 측의 4.9% 평균 관세가 한국 제품의 적극적인 미국 진출에 현재 얼마나 부정적인 요인으로 작용하느냐를 따져 봐야 합니다.

이 점에서 우리가 명확하게 알고 있는 것은, 미국 시장에서의 각 국가 간 경쟁은 다른 어느 곳보다도 치열하다는 점입니다. 그리고 경쟁이 치열한 시장에서는 다른 무엇보다도 가격 위주의 경쟁이 대세를 이루게 마련입니다.

가격 경쟁이 치열한 시장에서 평균 4.9%의 관세가 없어진다

는 것은 단순히 숫자만으로는 쉽게 표현할 수 없는 큰 의미를 갖습니다. 자유무역협정 덕분에 우리 제품들이 미국 시장에서 추가적으로 얻게 될 가격 경쟁력과 그에 따른 시장 우위 확보는 결국 미국시장 선점의 효과로 이어질 것입니다.

자유무역협정의 결과, 우리가 미국 시장에서 얻을 수 있는 혜택은 단순히 4.9%라는 수치로 표현할 수 없는 막대한 무게를 갖습니다.

# 37 '시장의 확대', 그 속 깊은 내막

▸▸▸ 이 책 맨앞에서 인류 경제가 발전해온 역사를 얘기하였습니다. 생필품을 자급자족으로 만들다가 부족들 간에 서로 물물교환을 하고, 그러다가 시장이 서고 분업 생산이 시작되었고, 철도와 항해 기술 등의 발달로 시장의 규모가 급속히 늘어나면서 생산 전문화, 즉 분업의 심도가 깊어지면서 대량생산체제가 성립되었던 것입니다. 즉 '시장의 확대' 가 바로 인류 경제사 발전을

이끌어온 원동력이라고 볼 수 있는 것입니다. 그 점에서 현재의 세계화(globalization)의 위력도 이러한 '시장의 확대' 메커니즘에서 나온다고 이해할 수 있습니다.

'시장의 확대'는 이렇듯 생산에 지대한 영향을 의미합니다. 시장이 확대되면 물건 생산량이 늘어나고, 생산량이 늘어나면 물건 한 개당 생산에 드는 비용이 떨어집니다. 비용이 떨어지면 판매 가격이 떨어지고, 판매 가격이 떨어지면 더 많은 사람이 사게 되므로 더 많은 생산이 이루어지고, 이는 다시 생산 비용 하락과 가격 하락, 수요 창출로 이어지는 선순환(virtuous cycle)구조로 돌아가게 됩니다.

이러한 선순환 구조에서는 생산자는 영세성을 벗어나서 다른 시장의 경쟁자들과 비교할 때 단연 대열의 선두에 서게 됩니다. 그러한 상황이 오면 그 선두 유지를 위해서라도 최첨단 기술을 도입해야 할 필요를 느끼게 되고, 시장의 확대와 생산 증가가 지속되는 가운데 보다 쉽게 최첨단 기술을 도입하게 됩니다.

이것이 바로 대규모 시장을 우선 선점하는 것이 중요한 이유 중의 하나입니다. 시장이 확대되면 '게임' 자체가 달라집니다.

# 38 일본을 압도할 강력한 경쟁력

▸▸▸ 이미 잘하고 있는 우리의 주력 업종인 자동차, 전자제품 수출 등에서 한미 자유무역협정이 과연 큰 효과를 더할 수 있느냐고 의문을 제기하는 경우가 있습니다.

결론부터 말하자면, 당연히 큰 효과를 기대할 수 있습니다.

예를들어, 자동차 부품에 있어서 관세 철폐는 상당한 수준의 가격 경쟁력, 수요 증대, 수출 확대의 연쇄 효과를 가져올 것으로 예상됩니다. 또한 그동안 25% 고관세로 인해 취약 분야로 남아 있던 소형 상용차 부문에서도 새로운 수출 확대 가능성이 기대됩니다.

전자 부문도 마찬가지입니다. 영상 · 가전 부문에서의 미국 시장의 경쟁 정도는 누구나 알다시피 말할 수 없이 치열합니다. 단 몇 달러의 가격 우위가 시장 위치를 좌우합니다.

그렇게 경쟁이 치열한 시장에서 현재 2~5% 수준으로 부과되는 한국산 제품에 대한 관세가 없어질 경우, 우리가 이미 상당한 기술 경쟁력을 확보하고 있는 디지털 TV 등 고급 가전에 있어서는 특히 상당한 가격 경쟁력을 얻게 됩니다. 그렇게 된다면 우리 제품의 시장 위상을 확고히 하는 데 결정적 기여를 하게 될 것입니다.

예를 들어 대형 디지털 TV의 경우, 미국 시장은 전세계 시장의 3분의 1을 차지하는 규모입니다. 그러한 시장에서 우리는 일본에 대해 확실한 우위를 점하게 될 것이며, 미국 시장에서의 우위는 전세계 시장에서의 지명도 향상에 결정적 영향을 줄 것입니다.

# 39 중소기업들에게도 기회의 문은 넓다

▸▸▸ 현재 우리 중소기업들이 생산하고 있는 많은 제품들은 미국에서 높은 관세 장벽을 넘어야만 합니다. 양말, 모자, 신발 등은 11% 내외의 관세를 물고 있습니다. 티셔츠, 언더셔츠, 가방, 핸드백 등은 무려 20% 내외의 관세를 물고 있습니다.

중소기업 경공업 제품들은 이러한 높은 미국 관세 때문에 미국 시장에서 경쟁을 주저해 왔습니다. 그러나 한미 자유무역협정이 체결되고 우리나라 제품들에 대해서만 관세 장벽이 제거되면, 그동안 중국 등에 밀려온 우리 제품들이 경쟁력을 크게 회복하게 될 것입니다.

관세가 없어지는 만큼 우리 제품의 가격이 떨어지면서 우리 중소기업들은 높은 품질과 낮은 가격으로 미국 시장에서 시장점유율을 다시금 회복하게 될 것입니다.

양말의 경우, 한국 기업들이 미국 시장의 18% 이상을 장악하고 있으나, 한미 자유무역협정 이후에는 훨씬 더 큰 시장점유율

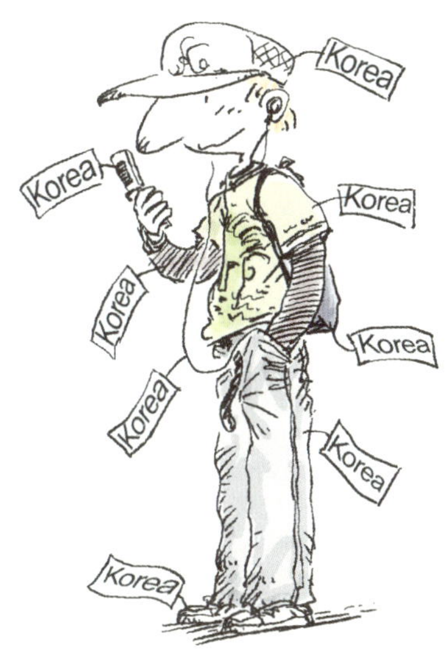


을 기대할 수 있을 것입니다.

KOTRA가 2006년 초 미국 바이어들을 대상으로 조사한 바에 따르면, 조사 대상의 60%가 한미 자유무역협정이 체결되면 한국 제품 수입을 늘리겠다고 답변하였습니다. 한미 자유무역협정은 우리 대기업뿐만 아니라 우리 중소기업의 새로운 미래를 여는 전기가 될 것입니다.

# 한미FTA 체결 이후 미국내 한국 상품 수출 기대 현상

미국의 품목별 기존 평균관세율

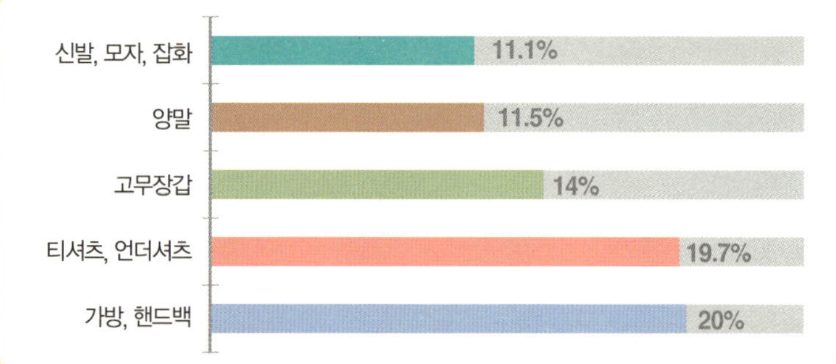


**대미 수출 증가**

자동차, 전자, 신발, 가죽, 섬유,
의류 등 수출 증대 예상

# 40 세계가 원하는 인재 되는 길

▸▸▸ 세계 시장을 주도하는 우리의 전자, 자동차, 반도체 산업은 한미 자유무역협정을 통해서 대미 수출이 증가할 것이며, 이는 추가적 고용 창출을 의미합니다. 중소기업의 수출 증가도 마찬가지입니다. 미국과 맺는 자유무역협정을 통해서 미국 시장에서 지금까지 우리의 입지를 서서히 좁혀왔던 경쟁국들에 대해 다시 우위를 확보하게 되면 이는 곧바로 우리의 새로운 일자리 창출로 이어지게 됩니다.

그리고 무엇보다도 한미 자유무역협정을 통해서 한국경제에 대한 세계 굴지 기업들의 신뢰가 높아져서 외국인 투자가 활성화되면 높은 수준과 광범위한 규모의 추가적인 일자리 창출로 이어지는 효과가 기대됩니다.

여기서 명확히 할 것은 시장개방은 국제 경쟁력이 낮은 산업들이 재편되어야만 하는 어려움을 안겨준다는 점입니다. 이 과

빨리 올라와…

정에서 적지 않은 고용변동이 발생할 수밖에 없습니다. 하지만 이것은 경제구조가 고도화 · 선진화하는 데 있어서 피할 수 없는 과정입니다. 고용변동을 감내해야 하는 개개인들의 어려움에도 불구하고 전체 경제를 바라보는 경제학자들이 '시장개방과 이에 따르는 구조조정이 필요하다'고 역설하는 것은, 바로 이것이 우리 경제에서는 당장 입에는 쓰지만 장기적으로 몸에 좋은 보약이기 때문입니다. 보약의 쓴 맛이 싫고 운동이 귀찮다고 건강을 챙기지 않으면 끝내 쇠락의 길을 걷게 되는 것은 인체나 경제나 마찬가지입니다.

자유무역협정은 결국 경제를 혁신하고 체질을 강화하는 노력의 중요한 과정이며, 이 과정에서 발생하는 고용변동의 도전은 결국 우리가 감당해야만 합니다. 효율적인 인력개발 · 훈련 · 교육을 통해 우리 인력들이 더 부가가치가 높은 산업으로 옮겨가서 더 수준 높은 기술을 바탕으로 더 넓은 세계무대를 상대로 더 높은 보수를 받고 일할 수 있도록 함께 도와야 합니다. 그리고 그렇게 도전을 새로운 기회로 전환시키기 어려운 이들은 사회안전망으로 보호해야 합니다. 이것이 원활히 이루어질 때, 우리 경제 전체는 자유무역협정에 의해 창출되는 새로운 기회를 활용하여 더 수준 높은 일자리를 더 많이 제대로 만들어내게 될 것입니다.

# 41 '다이내믹 코리아'를 위한 두가지 키워드

▸▸▸ 한미 자유무역협정 추진은 한마디로 우리 경제를 더 '역동적'으로 만들고 더 '성장'하게 만들려는 노력입니다.

### '경제는 더욱더 역동적으로'

이는 글로벌 스탠더드를 받아들여 우리 경제 전반의 준거 기준을 높임으로써 좀 더 공정한 경쟁이 이루어지게 한다는 뜻입니다. 규제 개혁을 통해 시장경쟁이 더 활발해지도록 한다는 뜻입니다. '역동적인 경제' 즉 다이내믹한 경제란 동기 부여가 강해서 모두 신나게 움직이는 경제를 말합니다. 이 일을 하다가 저 일로 전환할 수 있는 유연성이 높고, 새로운 기술과 지식을 쉽게 만들고 쉽게 배워 끊임없이 새롭게 태어날 수 있는 '프로'들의 경제를 뜻합니다. 그리고 역동적인 경제는 성장하는 경제입니다. 경제 역동성은 경제 성장의 기반입니다. 이러한 경제를 만들기 위해서 한미 자유무역협정을 추진하는 것입니다.

'경제가 더욱더 성장하도록'

이는 우리의 시장을 더 넓히고, 새로운 자본과 기술을 더 쉽게 들어오도록 하며, 경제 구석구석에서 효용성을 높여 경제의 규모를 더 키우는 것입니다. 더 넓은 시장, 더 고급 기술, 더 많은 자본은 미래 성장을 제대로 이끌어갈 수 있는 중요한 산업 분야에 힘을 불어넣어 줍니다. 그러면 우리 모두가 앞으로 나아가게 되고, 좋은 일자리가 만들어집니다.

경쟁력이 낮은 분야에서 일하던 사람들은 더 경쟁력이 높은 분야로 옮겨가야 합니다. 그렇지 못하는 이들은 사회안전망으로 보호해야 합니다. 그들 중에 더 많은 이들이 이전보다 더 경쟁력 높은 기술을 배우고 새로운 분야에 유연성 있게 적응하면 그것이 바로 경제의 역동성을 더 높이는 계기가 되는 것입니다. 그 역동성은 다시 경제 성장으로 이어집니다. 바로 이러한 선순환을 통해서 우리는 모두 함께 앞으로 나아가게 됩니다.

바로 이것이 우리가 한미 자유무역협정을 필요로 하는 이유입니다.

## 경제 성장과 양극화 해소

경제 성장은 소득 증대로 이어집니다. 원활하게 돌아가는 경제에서 각 분야에 걸쳐 소득이 계속 증가하면 저소득층이 더 잘살게 됩니다. 그것이 곧 양극화 해소의 길입니다.

양질의 일자리가 많이 생기면 누구보다도 중산층이 풍요로워집니다. 중산층의 삶이 풍요로워지면 모두가 함께 풍요로워질 수 있습니다. 그것이 양극화 문제를 푸는 가장 바람직한 길입니다.

# 강팀 대한민국! 희망의 로드맵

# 42 개방은 '해피엔딩'

▸▸▸ 우리는 끊임없는 개방과 자유화를 통해서 경쟁력을 키우고, 세계무대에서의 입지를 향상시켜왔습니다.

우리가 개방하고 자유화할 때마다 '큰일 난다'는 우려와 반대가 매번 있었습니다. 하지만 단 한 번도 그러한 우려와 반대가 맞았던 적은 없습니다.

1970년대 말 과자 수입을 자유화할 때, '한국 과자 산업은 이제 망한다' 고들 했습니다. 하지만 국내 과자산업은 국제 경쟁 속에서 더욱 튼튼해지고 강해져서 국내 과자 시장을 더 확실하게 장악했을 뿐만 아니라, 중국과 동남아시아 시장으로 활발히 진출하는 계기가 되었습니다.

1980년대 말과 1990년대 초 UR협상 시에 '한국 농업 피해가 7.8조원에 달할 것이다' 라고들 얘기했습니다. 그러나 경상 GDP로 본 한국 농업의 규모는 줄어들기는커녕 오히려 1994년 기준 20.7조원에서 2005년 기준 24조원으로 더 성장하였습니다.

다음...

1987년 영화 직배를 허용할 때, '국내 배급사와 영화관들 다 사라진다' 고 걱정하는 목소리가 높았습니다. 하지만 현재 국내 영화 배급시장은 4대 국내 배급사가 장악하고 있습니다. 국내 영화관들은 서비스 수준을 업그레이드하여 새로운 호황을 누려가고 있습니다.

1991년 바나나를 대량 수입할 때, '이제 국내 사과 · 배 가격이 폭락하고 재배 농가는 다 망한다' 고 반대하였습니다. 하지만 현재는 언제 그랬냐는 듯 모두가 그 기억을 잊고 있습니다. 바나나를 누구나 싸게 쉽게 접하게 된 반면, 사과와 배에 대한 수요도 더욱 확대되어, 후지사과의 경우 15kg 한 상자에 1991년도 기준 2만원에서 2005년도 기준 7만3천원으로 한국 사과 재배업의 튼튼함을 보여주고 있습니다.

# 43

## 연전연승의 대한민국 경제신화

▸▸▸ 우리는 경제개발 과정에서 끊임없이 개방과 자유화를 선택했고, 그 선택이 성공으로 이어져 왔습니다. 하지만, 그러한 성공을 기억하는 데는 인색했습니다. 그 결과 아직도 우리는 개방과 자유화를 본능적으로 경계하고 두려워하고 있습니다.

그런 점에서 앞 장에서 제시했던 개방과 자유화의 성공담에 보다 최근 기억을 더 추가해 보는 것도 유용할 것입니다.

예를들어 1996년 유통시장 개방의 경험은 아직도 많은 사람들 기억에 남아 있습니다. 이구동성으로 '한국 유통산업의 종말'을 걱정했기 때문입니다. 하지만 지금의 한국 유통산업은 어떻습니까?

의욕적으로 한국에 진출했던 월마트와 까르푸 덕분에 한국의 유통산업 전반은 대규모 최첨단 시설을 갖춘 대규모 할인점 체제로 새롭게 업그레이드되었습니다.

하지만 정작 한국 유통산업을 장악할 것이라고 걱정했던 월마트와 까르푸는 이제 한국을 떠났습니다. 경쟁력을 강화한 국내 유통산업의 도전에 밀린 것입니다. 그리고 새롭게 태어난 우리 유통산업은 이마트 등을 중심으로 중국 등 세계 시장으로 뻗어나가고 있습니다. 개방이 경쟁력 강화로 이어진 최근의 대표적인 사례입니다.

1998년 일본 영화 수입을 허용할 때, '한국영화 기반 붕괴'를 우려했던 목소리를 기억하십니까? 하지만 지금 일본 영화의 영향력은 국내 영화시장에서 미미한 수준에 머물고 있습니다. 오히려 국산 영화의 시장점유율은 1998년 25.1%에서 2005년 58.7%로 대폭 증가하였습니다. 그리고 우리는 오히려 일본에서 부는 한류 열풍을 보고 있습니다. 문화도 산업입니다. 개방하여 경쟁해 봐야만 진정한 잠재력 발현이 가능합니다.

1999년 수입다변화 제도를 폐지할 때 '일본 코끼리밥솥이 우리 시장 다

이·마트
이·마트

장악한다'고 걱정했던 일을 기억하는 사람들이 있을 것입니다. 하지만 지금은 국내 브랜드 밥솥이 우리 시장을 탄탄하게 장악하고 있습니다. '코끼리'의 그때 명성은 간 곳이 없고, 국내 브랜드들이 오히려 활발하게 일본으로 진출하고 있습니다.

# 44 세계 톱 5 무역 강국으로 가는 길

▸▸▸ 2006년 우리의 총 무역규모가 6천억 달러를 넘어섰습니다. 2005년에 5000억을 넘었으니, 불과 1년만에 1천억이 늘어난 것입니다. 2006년 12월 6일, 3천억 달러를 달성했습니다. 세계 11위 규모입니다. 세계에서 영토 크기는 110위에 불과한 우리나라의 기록인 것입니다. 불과 40여년전 1964년 우리의 총수출이 1억 달러였으니, 3000배에 이르는 성장입니다.

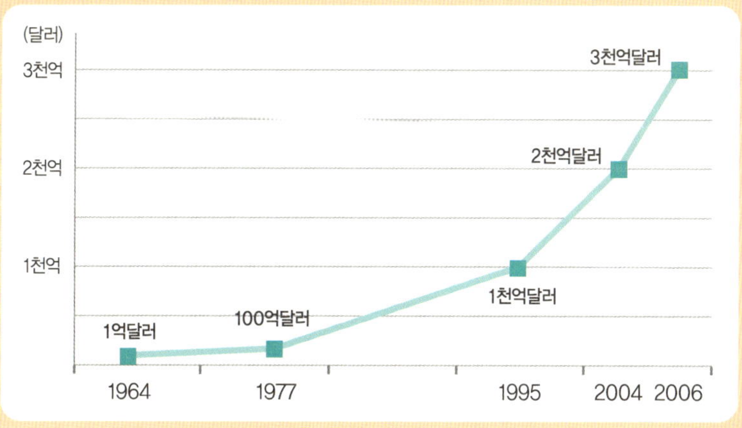

이러한 성장이 가능했던 것은 놀라운 가속도 때문이었습니다. 1964년 철광석 무연탄, 오징어 등을 수출해서 1억불을 벌었던 우리는, 1977년 신발, 의류 등을 중심으로 100억 달러를 수출했습니다. 그리고 반도체와 선박 등이 주력으로 자리잡던 1995년 1천억 달러 수출을 기록한 후, 2004년 2천억 달러 수출을 달성했습니다. 그로부터 2년후인 2006년 3천억 달러 수출로 도약한 것입니다.

이제 우리는 총 무역규모 1조 달러, 수출 5천억 달러 시대를 향해가고 있습니다. 현재 미국, 독일, 중국, 일본 등 4개국 정도만이 1조 달러대의 무역규모를 자랑합니다.

무역총액 1조 수출 5천억 달러 시대란, 국민총생산 1조5천억 달러, 1인당 국민소득 3만 달러의 시대를 의미합니다. 그런 새로운 장을 열어야하는 그야말로 큰 숙제가 우리 앞에 있습니다.

이러한 도약이 가능하려면 무엇이 필요할까요? 현재 우리 수출에서 분야별로 200억 달러 이상의 수출을 기록하는 산업이 5개입니다. 반도체, 자동차, 무선통신기기, 선박, 석유제품들이 그들입니다. 이들은 2006년도 현재 합계 1360억 달러 수출을 기록하고 있습니다. 3000억 달러 총수출의 거의 절반입니다. 그러면 이제 총 무역규모 1조 달러, 수출 5천억 달러를 열기 위해

$3,000억
$1억
1964년
2006년

서는 다른 산업 전반의 분발이 필요합니다.

부품소재산업 등 고도기술 산업들이 더 커야합니다. 상품과 서비스가 결합된 고부가가치 복합무역의 확대가 요구됩니다. 그리고 무엇보다 다양한 산업에 걸쳐 다양한 규모의 중소기업들이 더 활발하게 수출할 수 있는 환경을 조성해야 할 것입니다. 그것이 바로 자유무역협정의 확대입니다. 한미 자유무역협정 체결이 이 중요한 조류의 물꼬를 트게 되리라는 것은 당연한 얘기입니다.

세계적으로 놀라운 도약을 기록해온 무역입국 한국이 이제 더 이상 자유무역협정을 주저하고 피해서는 안 됩니다. 끊임없는 기록 경신으로 세계를 놀라게 했듯이, 이제는 미국과 손을 잡음으로써 자유무역협정 지각생을 면하고, 더 많은 나라들과 자유무역을 실현함으로써 톱10, 톱5 세계 경제 대국 대열에 뛰어들어야 할 것입니다.

45

# '자신감'은 대한민국의 영원한 자산

▸▸▸ 다 잘 알다시피 1950년대 대한민국은 개도국이라고 부르기조차 힘든 세계 최빈곤국들 중 하나였습니다. 그러나 겨우 50년이 지난 지금은 세계 톱10을 바라보는 경제로 자리 매김하고 있습니다. 근대 세계경제사에 유례가 없는 역동적인 성공 사례를 만든 것이 한국 사람들입니다.

이러한 성공은 오로지 세계 시장을 상대로 끊임없이 도전하고 적극적으로 경쟁하는 수출 중심의 경제개발 전략 때문에 가능한 것이었습니다. 우리는 이러한 전략을 추구하면서 항상 가능성을 믿고 자신감으로 추진하였습니다.

중요한 한 발 한 발을 내디딜 때마다, 큰 도약을 준비할 때마다 "아직 때가 이르다" "아직 우리에게는 맞지 않는다" "조금 더 기다리자"라는 얘기들을 했습니다. 하지만 그때마다 우리는 그런 우려에 발이 묶이기보다는 오히려 도전정신으로 앞으로 앞으로 나아갔습니다.

경제규모 – 세계 10위
2005년 1인당 국민소득
– 1만 6천달러
세계 경제사에
유례가 없는 성공사례…
반도체 조선 세계 1위
석유화학 전기 전자
세계 3, 4위
철강 세계 5위

??

우리나란 안돼…

만약에 그러지 않았다면 반도체와 조선 세계 1위, 석유화학과 전기전자 세계 3 · 4위, 철강과 자동차 세계 5위라는 오늘의 한국경제는 없었을 것입니다.

한국인은 세계 시장을 두려워하지 않습니다. 해외시장 개척에서 한국의 세일즈맨들이 보여준 투혼은 세계 구석구석에서 오래도록 화제가 되고 있습니다. 세계 시장에서 당당히 경쟁하는 것은 우리 모습의 한 부분이 되었습니다.

한국인들은 누구보다도 교육열이 높습니다. 미국내 외국 유학생 중 가장 많은 수를 차지하는 것이 한국계 학생입니다. 자기를 키워 세계무대에서 경쟁하고자 하는 의지는 가장 한국적인 마인드입니다.

한미 자유무역협정을 추진하는 것은, 지금까지 우리가 만들어온 이러한 전통을 그대로 밀고 나아가자는 것입니다. 국제 시장을 중심으로 또 한 번의 과감한 도약을 시도하자는 것입니다. 세계 시장을 두려워하지 않고 다시한번 당당히 뛰어들자는 것입니다. 세계의 인재들과 경쟁하여 실력을 키우고 활약 무대를 넓히자는 것입니다.

바로 지금까지 우리가 해온 전통 그대로를 더욱 살려보자는 것이기에 우리는 성공할 수 밖에 없습니다. 우리는 세계 최고의

RAM

시장인 미국과의 자유무역을 성사시킬 수 있습니다. 과거 우리의 성공 사례가 우리에게 자신감을 줍니다. 지금까지 50년 동안 해온 '과감한 도약', 한 번 더 해낼 수 있습니다. 자신감과 믿음이 있다면 우리는 해낼 수 있습니다.

에필로그

# 더 크고 더 넓은 미래를 생각하면서…

한미자유무역협정은 우리 이후의 세대가 살아야할 더 크고 넓은 세상을 위한 것입니다.

한국을 넘어서, 미국을 넘어서, 세계를 생각하는 것입니다.

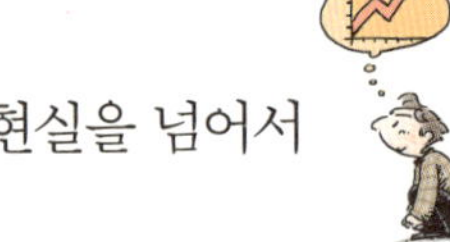

현실을 넘어서 미래를 생각하는 것입니다.

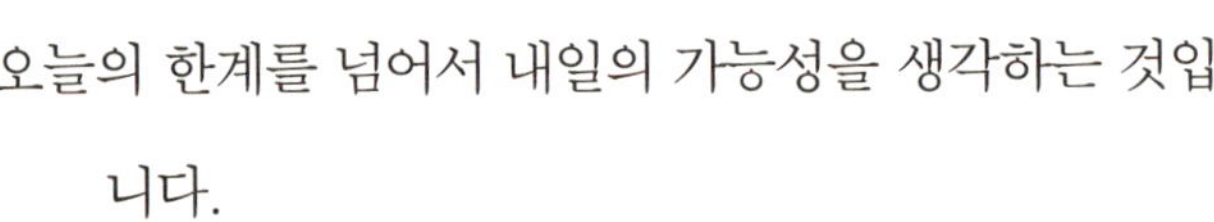

오늘의 한계를 넘어서 내일의 가능성을 생각하는 것입니다.

우리 중에 힘들어할 일부를 함께 끌어안으면서, 동시에 힘차게 나아가야할 우리 전체를 생각하는 것입니다.

지금까지 우리는 잘 해왔습니다. 우리가 이룬 것에 대한 자신감으로 다시 한 번 힘과 뜻을 합쳐 도전한다면 못 해낼 것이 없습니다.

한미자유무역협정은 한국을 넘어서 미국을 넘어서 새로운 세계와 새로운 미래를 위해 꼭 필요한 제2의 성장전략입니다.

대한민국, 미국을 만나면

1판 1쇄 인쇄 | 2006년 12월 15일
1판 1쇄 발행 | 2006년 12월 20일

지은이 | 김병주

펴낸곳 | 조윤커뮤니케이션
펴낸이 | 안혜경
편집장 | 최몽순
일러스트 | 추덕영
표지 디자인 | 정계수

주소 | 서울시 종로구 내수동 72 경희궁의아침 3-1606호
전화 | 02-730-8841　팩스 | 02-730-8814
출판등록 | 제300-2005-208호
등록일자 | 2001년 4월 13일

ISBN 89-91216-09-9 03320

Copyright ⓒ 한미FTA체결지원위원회, 2006(fta.korea.kr)

* 파본이나 잘못된 책은 구입하신 서점에서 바꾸어 드립니다.
* 책값은 뒤표지에 있습니다.